AF595270

59588

Nouvelle Série. — N° 80

N° 123. — 25 Novembre 1922

La Petite Illustration

Revue hebdomadaire publiant des romans inédits et les pièces nouvelles jouées dans les théâtres de Paris.

THÉATRE ANTOINE

Tous les Soirs à 8 h. 1/2 - MATINÉE Dimanches et Fêtes à 2 h. 1/2

VERA SERGINE

CANDÉ

CHARLES-BOYER

L'INSOUMISE

Pièce en 4 actes de M. PIERRE FRONDAIE

MARY MARQUET

Della SILVA — DELAITRE — G. DE KERIVODAL

SATURNIN FABRE

Lily MAY — GREYVAL — Lina MARTINE

PIERRE GARNIER

Géo LABY — Dosia HILSON — Paule MARGY — BRUNET

GEORGES FLATEAU

ET

MAULOY

La pièce est entièrement décorée par la Maison HARTMANN

Copyright by Pierre Frondaie, 1922.
Tous droits de reproduction, de traduction, d'adaptation et de représentation réservés pour tous pays.

Aucun numéro de La Petite Illustration *ne doit être vendu sans le numéro de* L'Illustration *portant la même date.*

ABONNEMENT ANNUEL

L'Illustration et *La Petite Illustration* réunies : France et Colonies, 100 francs ; Étranger, 140 francs.

13, RUE SAINT-GEORGES, PARIS (9e)

Rf
59588

L'Insoumise, au Théâtre Antoine.

Cette pièce va disparaître prochainement de l'affiche, en plein succès, pour permettre à la direction du théâtre de remplir des engagements antérieurs. Et ce n'est point ici la formule usitée par les « communiqués ». Que d'autres spectacles n'eurent pas, à leur début, d'aussi belles salles que celui-ci à la soixantième représentation!... On reprendra *l'Insoumise* assurément, au Théâtre Antoine ou ailleurs, dès que M. Pierre Frondaie pourra lui assurer une nouvelle carrière de quelque durée.

Cette œuvre a plu au public, parce qu'elle traite d'un grand sujet, qui relève d'un ordre de préoccupations propre au temps présent. L'accroissement de la circulation intercontinentale, ayant pour conséquence une interpénétration réciproque des peuples, nous vaudra, en effet, d'assister de plus en plus, dans la réalité, à des heurts de civilisations, à ce mélange de races, impressionnant surtout lorsqu'il se concrétise en deux individualités et qu'il met en jeu du même coup l'éternelle question de l'égalité ou de l'inégalité de l'homme et de la femme. Mais cette œuvre a plu aussi au public parce qu'elle a été composée, dialoguée par un homme de théâtre expert en son art, avec cette fertilité d'invention, cette facilité, aisément satisfaite parce que sûre de soi, qui va de l'avant, toujours, bousculant les objections et réfutant d'avance toutes les critiques possibles.

Et ce n'est point d'ailleurs que, ces critiques, M. Pierre Frondaie les appréhende. Il les prévoit, assurément, et je ne serais point surpris qu'il les attendît et même les espérât. Mais il ne les laisse pas passer sous silence lorsqu'elles sont acerbes; et il devient presque normal qu'après les représentations d'une de ses pièces nouvelles, une polémique s'engage entre lui et l'un de nos chroniqueurs dramatiques. Après *le Reflet*, ce fut avec M. Henry Bidou que se livra, dans les colonnes du *Journal des Débats*, un sérieux engagement, cependant qu'une escarmouche s'esquissait dans celles du *Temps* avec M. Pierre Brisson. Cette fois, c'est avec le même Pierre Brisson, mais dans les pages des *Annales*, qu'a eu lieu une épistolaire bataille rangée. Ces rencontres ne sont d'ailleurs préjudiciables ni à l'ouvrage représenté, ni à l'auteur, ni au critique. Les œuvres qui ont quelque vitalité ne peuvent que bénéficier d'être discutées. Or, rarement presse fut si élogieuse et si pleine de réserves partielles mêlées aux louanges d'ensemble. Nous allons parcourir les unes avec les autres, et nous verrons ensuite les commentaires que l'auteur en a faits.

***

Dans *le Petit Journal*, M. Pierre Veber, quoique examinant surtout, et sans complaisance excessive, en M. Pierre Frondaie l'homme de théâtre, loue les vigoureuses qualités de la pièce :

« M. Frondaie a eu le courage de s'attaquer à un sujet d'exception, et il l'a traité avec une énergie, un sens dramatique auxquels je suis heureux de rendre hommage. Je crois bien que le public confirmera cette appréciation et, pour ma part, je trouverai ce succès on ne peut plus juste. Il me semble qu'avant tout nous devons louer chez un auteur les qualités de théâtre. »

M. Pierre Frondaie, en Afrique du Nord, et le bach agha des Zibans, Ben Gana.

M. Robert de Flers aussi, dans *le Figaro*, met surtout en relief, à propos de ces quatre actes, les dons de théâtre exceptionnels de l'auteur :

« *L'Insoumise* a obtenu un succès, aux deux premiers actes un grand succès. M. Pierre Frondaie est un auteur dramatique fort curieux. Il possède un don scénique si évident que ses confrères eux-mêmes ne sauraient le contester. Il a du mouvement, de l'audace, de l'ambition, toutes les ambitions. Il n'hésite pas à poursuivre à la fois des desseins contradictoires et je crois apercevoir qu'il met une sorte de volupté à réunir dans une même action les éléments les plus opposés et les moins conciliables. C'est ainsi que, dans son nouveau drame, il a voulu prouver en trois heures qu'il pouvait être en même temps réaliste, romantique, psychologue, physiologue, ethnologue, sociologue et beaucoup d'autres choses encore tout aussi périlleuses et tout aussi honorables.

» L'action de *l'Insoumise* est violente et neuve.

» Je sais bien que Favart s'était déjà plu à réunir dans un harem de tout repos un beau sultan et une petite Française au nez retroussé. Mais cette comédie d'un incomparable agrément ne relève que de la plus piquante fantaisie du dix-huitième siècle, moitié poudre et moitié turban. M. Pierre Frondaie, qui est cruel, ne permet pas à une Parisienne qui a épousé un musulman de s'en tirer à si bon compte. »

M. Nozière, dans *l'Avenir*, souligne aussi que M. Frondaie n'est pas le premier auteur dramatique qui ait introduit dans un harem une Française au libre parler :

« Les écrivains du dix-huitième siècle traitaient volontiers ce sujet. Madame Angot s'agita dans le sérail, et Favart nous a laissé ce petit chef-d'œuvre, *les Trois Sultanes*. Déjà une soubrette du dix-septième siècle avait poussé joyeusement ce cri :

» Sommes-nous chez les Turcs pour enfermer les femmes ?

» Mais, dans ces fantaisies charmantes, la Française triomphait aisément du Grand Turc et de la loi musulmane. Elle charmait le barbare et lui enseignait les lois élémentaires de la galanterie. Le Marocain Fazil résiste au contraire à la Française Fabienne. Il l'adore, mais il s'arrache à son amour pour n'être pas esclave de la femme comme sont les hommes d'Europe et des Etats-Unis...

» M. Frondaie a su nous faire sentir ce drame des âmes, cette solitude pathétique des êtres unis par le plaisir, par la volupté, et qui restent si loin les uns des autres. C'est le mérite de sa pièce. »

M. André Rivoire analyse successivement chaque acte, dans *le Temps* :

« Le premier est une exposition à la fois sobre et minutieuse. Sobre dans le choix et l'ordonnance d'un petit nombre de scènes qui se commandent bien; minutieuse, par contre, et même quelque peu éparpillée dans le détail du dialogue. Mais c'est par ce détail que les deux personnages principaux se présentent à nous, vivent devant nous, s'aiment devant nous, parfois même avec une impudeur que son naturel sauve d'être choquante — et aussi notre certitude qu'elle est essentielle au sujet. Nous allons assister, en effet, et nous le pressentons tout de suite, au conflit de deux êtres liés par la chair, mais que, visiblement, tout le reste sépare et qui s'affronteront à chaque instant. »

Ce premier acte, constate M. Rivoire, produit grand effet :

« Il est conduit avec une réelle

Voir la suite à l'avant-dernière page de la couverture.

PIERRE FRONDAIE

L'INSOUMISE

PIÈCE EN QUATRE ACTES

Fabienne :
Si tu aimes, obéis....
"L'Insoumise" Acte IV.
Pierre Frondaie
1922.

L'Insoumise *a été représentée pour la première fois, le 3 octobre 1922, au Théâtre Antoine.*

Copyright by Pierre Frondaie, 1922.
Tous droits de reproduction, de traduction, d'adaptation et de représentation **réservés pour tous pays.**

A LOUIS DUPLAY,

Directeur du Théâtre Antoine.
Son ami,

PIERRE FRONDAIE.

PERSONNAGES

Noms des artistes dans leur ordre d'entrée en scène :

Fabienne	Mme VERA SERGINE.
Fazil el Ouargli	MM. CHARLES-BOYER.
Le Maître d'hôtel	LUGAL.
La Femme de chambre	Mlle S. BRUNET.
Le Coiffeur	MM. PIERRE GARNIER.
Jean de Béhopé	MAULOY.
Hélène de Bereuze	Mme MARY MARQUET.
Jacques de Bereuze	M. GEORGES FLATEAU.
Zourouya	Mmes GREYVAL.
Messouada	LINE MARTINE.
Traqui	PAULE MARGY.
Aicha	DOSIA HILSON.
Ourida	DELLA SILVA.
Jamila	DE KERIVOUAL.
L'Eunuque	MM. STEBLER.
Hadj Ismaïl	CANDÉ.
Ahmed	SATURNIN FABRE.
Le Captif	DELAITRE.
Myriem	Mlle LILY MAY.
Georges d'[illegible]	M. GEO LABY.

L'INSOUMISE

ACTE PREMIER

Un boudoir sobre et somptueux, à Paris. Sept heures du soir.

Scène première

FAZIL, FABIENNE

Ils sont invisibles au lever du rideau, étendus sur un lit de repos. Le téléphone retentit.

FABIENNE. — Oh ! le téléphone... Encore... Tu avais raison, Fazil... on aurait dû avoir un numéro secret... Encore... Allons, il faut répondre...

Elle se lève à regret ; elle apparaît dans une robe d'intérieur d'une originale magnificence.

FAZIL, étendu. — Veux-tu que, moi, j'y aille?...

FABIENNE. — Non, paresseux, non, grand prince, non. Et puis, tu as une voix trop extraordinaire, toi. On la reconnaîtrait... (A l'appareil.) Allô!... Oui, c'est ici... Non, madame n'est pas là, ni monsieur. Non, je ne suis pas le nègre. Je suis la femme de chambre. Monsieur et madame sont sortis. Ils prennent le thé, ils dansent. Oui, madame, je leur dirai... C'est ça... Au Pré Catelan, ce soir, pour le gala? Les tables retenues? Mais je ne suis pas sûre... Madame avait la fièvre et monsieur aussi... Quelle fièvre? Ah! je ne sais pas... Une fièvre des pays chauds... C'est ça, au revoir, madame... (Elle raccroche.) C'est la princesse de Soigne, cette vieille autruche!

FAZIL, lentement. — Tu lui as dit de cacher sa tête, tu as bien fait!

FABIENNE, rieuse. — Et de couver ses œufs... Mais elle n'a pas eu l'air de couper dans la fièvre des pays chauds...

FAZIL, assis sur le rebord du divan, d'une voix douce. — Si on l'avait, la fièvre, on l'inviterait pour qu'elle l'attrape!

FABIENNE, courant à lui et l'embrassant. — Hou, mon chéri, que tu es méchant!...

FAZIL. — Toute la nuit, elle nous a vus danser. Elle sait bien que nous ne sommes pas malades.

FABIENNE. — Elle n'a pas fait que nous voir. Elle t'a demandé une danse.

FAZIL, tranquillement. — Cette femme est une misérable et je ne sais pas pourquoi on s'obstine à lui donner du bon café ou des champignons comestibles. Ce n'est pas une raison parce que son gendre est une espèce de roi pour que je danse avec elle.

FABIENNE. — C'est pourtant à cause de cette particularité que tu t'es donné, Fazil, et que tu as accordé la danse! Mais oui. Tu n'aurais pas fait ce plaisir à la vieille dame du vestiaire.

FAZIL. — On ne sait pas.

FABIENNE. — Comment, on ne sait pas?

FAZIL. — Mais non. Mon père, plus beau que moi et plus vénérable, ne pouvait, dans sa jeunesse, résister aux appels des musiques, vinssent-elles des servantes. Il se jetait dans la ronde avec frénésie et dansait jusqu'à l'aube, éclairé par les torches.

FABIENNE, en clown. — Hou, là! là!... Tu n'as rien de ton père, mon chéri. Toi, tu es un snob!

Elle se rassoit près de lui.

FAZIL, bondissant. — J'ai faim. Appelle. (Elle sonne. Il est allé vers le piano ; il frappe quelques beaux accords un peu tristes et lents. Entre le maître d'hôtel.) J'ai faim. Apportez-moi des choses... N'importe quoi! Des espèces de choses... Allez!...

FABIENNE. — Chéri! il est six heures et demie et nous avons déjà pris le thé à cinq heures.

FAZIL. — Oui, mais depuis cinq heures... il y a eu beaucoup de choses.

FABIENNE, l'imitant. — Des choses... des espèces de choses... Tu vois, je fais comme toi, tu vois : détaché, hautain, avec un rictus des lèvres et l'air d'un lévrier qui méprise une brioche, ton air lent...

FAZIL. — Tous les animaux rapides, toutes les bêtes de vitesse ont des gestes lents.

FABIENNE. — Et c'est pour cela qu'ils sont beaux! très beaux!

FAZIL. — De toutes les créatures vivantes, laquelle danse le mieux?

FABIENNE. — C'est toi et moi, c'est nous! C'est nous, bien collés, et ne faisant qu'un. C'est nous, la créature vivante qui danse le mieux.

FAZIL. — A part nous?

FABIENNE. — Oui, tu me l'as déjà dit : c'est le serpent. Quand il oscille, dressé, remuant à peine, comme une tige dans un vent léger, et quand, tout d'un coup, il s'agite, c'est si vite, si vite, qu'il a l'air immobile, comme une vapeur sifflante qui se dissout... (Le maître d'hôtel est entré, a posé un plateau.) Tiens, mange, lion du désert.

LE MAÎTRE D'HÔTEL. — La femme de chambre demande s'il faut convoquer le coiffeur et si madame et monsieur sortiront?

FAZIL, mangeant, accroupi devant un petit plateau bas, environné de coussins. — Est-ce que nous sortirons?

FABIENNE. — Oui, nous sortirons. Nous allons dîner à Madrid, éblouissants, et donner, une fois de plus, le spectacle du plus parfait accord!

FAZIL. — C'est une excellente idée. Et je te conduirai moi-même. J'étrennerai l'Hispano, et vers huit heures et demie...

FABIENNE. — Vers huit heures et demie, tête nue, en habit, à côté de ton chauffeur, pâle comme un linge, tu descendras l'avenue du Bois en bolide, au risque d'assassiner quelqu'un et d'avoir une contravention ; et tu recommenceras aux Acacias... Est-ce qu'il faisait ça aussi, ton père?

FAZIL. — Mon père n'a jamais vu d'autos. Mais au bout de deux heures son cheval crachait le sang...

FABIENNE. — Et alors?

FAZIL, d'une voix douce. — Alors, il en changeait... (Au maître d'hôtel.) Faites monter le chauffeur. Quand il sera là, vous m'appellerez.

LE MAÎTRE D'HÔTEL. — Bien, monsieur.

FAZIL. — A propos, qui a gagné tantôt?

LE MAÎTRE D'HÔTEL. — C'est *Ortolan IV*, monsieur.

FAZIL, joyeux. — Ortolan! C'est Ortolan! Bravo. Je le savais. C'est un tocard! Demandez le Passy 82-82.

LE MAÎTRE D'HÔTEL, sortant. — Bien, monsieur.

FABIENNE. — Tu as joué Ortolan?

FAZIL. — Non, mais je l'ai monté en galop d'essai, l'an passé, à Deauville...

FABIENNE. — C'est le canard de Jacques?

FAZIL. — Oui. Une merveille. Un avion. Il a manqué me tuer! Une vraie flèche. Nous avons sauté les obstacles, l'un sur l'autre.

FABIENNE. — Oui, je vois ça! Comme une bonne balle de golf, en les rasant.

FAZIL. — Epatant... Epatant...

Il s'est levé.

FABIENNE, lui donnant l'appareil. — Tiens, voilà ton numéro.

FAZIL. — Allô! Dites à monsieur que c'est monsieur Fazil. Ah! c'est toi, Bereuze?... Alors, Ortolan!... Ravi, hein? Ah! le salaud, crois-tu! Je te l'avais dit... Qu'est-ce que tu fais? La noce! Bonne idée. Ensemble, toujours. C'est ça, Madrid, neuf heures... Je suis enchanté, mon vieux, enchanté...

FABIENNE. — Demande-lui si Hélène mettra sa rivière ou son collier? et la couleur de sa robe.

FAZIL. — Allô! Fabienne demande si ta femme mettra ses perles ou ses diamants et quelle robe?... Tu me la passes... Merci. Tiens...

Il donne l'appareil à Fabienne.

FABIENNE. — Allô, chérie... (Il va au piano et joue quelques accords.) Bien, merci. A tout à l'heure... Quoi? Si nous nous aimons toujours? En voilà une question... Plus que jamais... oui... By-by. (Elle raccroche.) Elle va mettre une robe rouge et sa rivière...

FAZIL, au piano. — C'est tout indiqué : la rivière, après Auteuil...

FABIENNE. — Je mettrai donc mes perles et, dans une coupe, j'en ferai dissoudre une, comme Cléo...

FAZIL. — Quelle Cléo?

FABIENNE, caressant Fazil. — Cléopâtre!... pour étonner Marc-Antoine.

FAZIL, doucement. — Ça l'a étonné?

FABIENNE. — Naturellement, que ça l'a étonné! Il n'était pas comme toi, un blasé!

FAZIL. souriant, calme. — Je suis un blasé, moi? Tout à l'heure, un snob. Maintenant un blasé! Quoi encore?

FABIENNE, le rejoignant. — Un bel être... Encore plus beau qu'Ortolan IV.

FAZIL. — Ah! ça!... Tu me flattes...

FABIENNE. — Non, je ne te flatte pas. (Elle va vers sa coiffeuse et s'assoit.) Qu'est-ce que nous allons faire cet été? Deauville? Dinard? Aix?

FAZIL. — J'ai mieux que ça.

FABIENNE. — Mieux que ça?

FAZIL. — Oui, Cowes!

FABIENNE. — Je te vois venir. Tu as envie de raser l'eau, de couper les vagues...

FAZIL. — Oui.

FABIENNE. — Sur un voilier en bec de cigogne...

FAZIL. — Oui.

FABIENNE. — Et de me revenir tout salé d'embruns, avec l'air marin autour de tes cheveux, la peau rouge comme un piment d'Espagne... Tiens, si on allait en Espagne...

FAZIL. — Saint-Sébastien...

FABIENNE. — Ça nous rappellerait... Tu n'aimerais pas?...

FAZIL. — Si.

FABIENNE. — Tu te souviens?

FAZIL. — Oui.

FABIENNE. — Dieu! que tu étais beau ce soir-là. Je te vois encore. Ah! tout de suite, tout de suite je me suis dit : celui-là!

FAZIL, avec une imperceptible ironie. — Tu m'as choisi.

FABIENNE. — Oui.

FAZIL, souriant, mais avec un soupçon d'âpreté, allant vers elle, à pas souples. — Tu m'as choisi!... Tu m'as choisi, mais je t'ai prise!

FABIENNE. — Ecoutez-le, comme il dit ça.

FAZIL, doucement. — Comment faut-il le dire? Je le dis comme je sais.

FABIENNE. — Oui, avec une espèce d'âpreté de sauvage, de maître... Hou, que je n'aime pas ça!

FAZIL. — Alors, je le dirai autrement...

FABIENNE. — Essaye un peu pour voir. Fais-moi la cour.

FAZIL, riant d'un rire un peu aigre, près d'elle. — La cour? Qu'est-ce que c'est, la cour?

FABIENNE. — Avec ça que tu ne sais pas.

FAZIL. — Non. Qu'est-ce que c'est? Me mettre à tes pieds, comme une femme aux pieds d'une autre femme?

FABIENNE. — Par exemple!

FAZIL. — Te faire rire, te flatter...

FABIENNE. — Ça aussi...

FAZIL. — Inventer tes plaisirs...

FABIENNE. — Parfaitement.

FAZIL. — Et ça! (Il l'étreint d'un bond et la baise aux lèvres, fougueux et souple, puis avec une tendresse un peu sauvage.) Oui, je t'ai prise. Oui, je t'ai prise!... Tu es belle!

FABIENNE, riante et heureuse. — Mon fauve!... Ah! on désespérait de me marier. J'étais l'orpheline, trop riche et qui en a trop vu!... trop difficile! C'est que Fazil n'était pas venu... Fazil qui m'a prise comme il dit, mais qui n'osait pas me demander en mariage... Ose dire que ce n'est pas vrai... Ose dire que tu n'avais pas un peu peur!...

FAZIL, la regardant, lentement. — J'avais un peu peur.

FABIENNE. — De quoi? Pas de mes sous. Tu en as encore plus que moi. De trop m'aimer, peut-être?

FAZIL, grave. — Oui, de trop t'aimer. Oui, justement, c'est de cela.

FABIENNE, rieuse et le contemplant. — Il est sûr que tu m'aimes beaucoup! Mon sauvage! Qui dirait à te voir, partout, au bal, au volant, à cheval, au golf, que tu es autre chose que la brute jolie qu'ils sont tous maintenant. Qui dirait que l'amour est, d'abord, ta spécialité.

FAZIL, *souriant et la regardant toujours.* — Ce n'est pas ma spécialité, c'est la tienne.

FABIENNE. — C'est la même chose.

FAZIL, *comme à lui-même et la caressant.* — Non. Ceux de mon sang n'ont pas subi l'amour. Peut-être même ne l'ont-ils pas connu. C'est une chose nouvelle qui s'infuse en moi.

FABIENNE. — Une bonne chose!

FAZIL. — Peut-être; je ne sais pas.

FABIENNE. — Tu ne sais pas... Ecoutez-le... Tu ne sais pas!

FAZIL, *bizarre.* — L'amour, c'est la possession. Ce n'est pas autre chose.

FABIENNE. — Hou! là! là!

FAZIL, *net, rapide.* — Ne ris pas. On a un cheval, une auto, une arme. On les possède. On en fait ce qu'on veut. Avoir une femme, si ce n'est pas cela... Qu'est-ce? Ce n'est pas avoir.

FABIENNE. — Qu'est-ce que c'est que ces théories?

FAZIL. — Elles t'étonnent?

FABIENNE. — Elles me déplaisent.

FAZIL, *souple soudain, câlin.* — Il n'y a pas de quoi!

FABIENNE. — Hou! le méchant Fazil! Tu ne le sais donc pas, mon petit, quand on dit qu'on a une femme, cela veut dire qu'une femme vous a!

FAZIL, *ironique, retournant au piano.* — J'ai lu ça, je pense.

FABIENNE. — Mais certainement. Est-ce que tu n'as pas tout lu? Où est celui qui voudrait t'apprendre quelque chose.... Bon élève!

FAZIL, *riant.* — Voilà le mot, le vrai mot. Bon élève! J'ai été baptisé, ma chère, baptisé. A neuf ans. Et pas loin d'ici, à Neuilly. J'ai été élevé par les Maristes. Bon élève. J'ai été à Oxford. Bon élève. A l'académie Julian...

FABIENNE. — Mais c'est vrai, tu dessines!

FAZIL. — Bon élève! Et je t'ai rencontrée...

FABIENNE. — Bon élève!...

FAZIL, *revenu près d'elle.* — Oui, bon élève. Je ne me défends pas. Tu m'as appris le désir. (*Elle est toujours à la coiffeuse : il se penche vers elle.*) Tes yeux sont des citernes profondes, profondes. au fond desquelles il y a tout un ciel enfermé. Tes mains, tes longues mains d'Espagnole...

FABIENNE. — Je ne suis pas Espagnole, je suis Française, et j'ai été élevée en Amérique...

FAZIL. — Tu as tout de même des mains d'Espagnole.... des mains à poignard!

FABIENNE, *rieuse.* — Oh! à poignard... à éventail.

FAZIL. — J'aime mieux à poignard... Laisse-moi parler de tes mains... donne-les-moi...

FABIENNE, *ironique.* — Puisqu'elles sont à toi!

FAZIL, *bizarre.* — Je sais bien qu'elles sont à moi... mais puisque le protocole, ton protocole, veut que je te les demande sans cesse!

FABIENNE, *tendre.* — Les voici!

FAZIL, *âprement.* — Merci!... Tes mains sont magiciennes. Elles savent tout. M'endormir et me réveiller, alourdir mon front, caresser mes cheveux... et ta bouche, ta belle bouche, cette blessure qui en fait d'autres...

FABIENNE, *se levant, joyeuse.* — Mais voilà, voilà! Tu me fais la cour! Et en poète! C'est ça... c'est tout à fait ça!

FAZIL. — Je suis Parisien!

FABIENNE. — Oh! pas du tout!

FAZIL. — Comment, pas du tout? Demande à tout le monde.

FABIENNE. — Mais tout le monde, c'est personne. Et personne... personne, c'est quelqu'un qui parle de tout et ne sait rien. Va, je t'aime! Tu ne me dis jamais : « Je t'aime, » Fazil!

FAZIL, *avec une netteté involontaire.* — C'est une chose qu'on ne dit pas.

FABIENNE. — Voyez-vous ça? On me l'a dit souvent... (*Il tressaille involontairement.*) Hou! Qu'est-ce que c'est que ces yeux? Ça t'ennuie qu'on me l'ait dit?

FAZIL, *souriant, souple.* — Non.

FABIENNE, *soufflant.* — Hou! que tu as l'air fourbe!

FAZIL, *revenant à elle et la saisissant dans ses bras.* — Je ne le suis pas!

FABIENNE, *s'amollissant.* — Tu me presses bien dans tes bras... Mon homme...

FAZIL, *d'un autre ton lent, pesant.* — Ma femme...

FABIENNE, *lascive.* — Dis : je t'aime...

FAZIL. — Non.

FABIENNE. — Alors, prouve...

FAZIL, *la regardant.* — Je le prouve.

Ils se détachent. Elle revient à la coiffeuse, s'occupe de sa beauté.

FABIENNE. — Avec tout ça, nous n'avons pas encore décidé où nous irions. Donne un chapeau... On va mettre les noms des endroits possibles et tirer... A quoi penses-tu?

FAZIL. — J'ai une idée.

FABIENNE. — Dis...

FAZIL, *osant à peine, lentement.* — Je connais dans la lande... j'y suis passé un jour...

FABIENNE. — En auto?

FAZIL, *même jeu.* — Non, en avion. J'ai eu une panne de moteur. Je connais une espèce de lac, avec une espèce de maison admirable... entre Biarritz et Arcachon... Une maison déserte, mais grande... très grande... On pourrait la peupler...

FABIENNE. — La peupler de quoi?

FAZIL. — De tout, d'œuvres d'art, de serviteurs...

FABIENNE, *riant.* — D'esclaves... et puis?

FAZIL. — Et puis on y vivrait...

FABIENNE. — Tout seuls?

FAZIL, *intimidé.* — Dame... quelques mois...

FABIENNE, *riant.* — Tout à fait fou!... J'ai un mari tout à fait fou... Mais la solitude de l'amour, mon chéri, la solitude de l'amour, c'est au milieu de la foule... C'est au théâtre, au dancing... Tu verras ce soir, à Madrid... Hou la la!... sa maison dans le sable... Non, mais quel type!

FAZIL, *rompant les chiens et se dérobant.* — Qu'est-ce que je mets, habit? smoking?

FABIENNE. — Habit, c'est mieux!... Alors, Deauville, Saint-Sébastien, Cowes?

FAZIL. — Où tu voudras.

FABIENNE. — Voilà! Alors, Deauville, hein?

FAZIL. — Deauville!

FABIENNE. — Pas content?

FAZIL. — Si...

FABIENNE. — Tu embrasses bien. Je t'aime, tu vois, moi, je le dis!

FAZIL, *souriant, de loin.* — Parisienne!

FABIENNE. — Arabe!

Entre la femme de chambre.

Scène II

LES MÊMES, LA FEMME DE CHAMBRE, LE COIFFEUR

LA FEMME DE CHAMBRE. — Il est sept heures et demie. Le coiffeur est là. Le bain de monsieur est prêt et le masseur attend!

FAZIL, d'un ton uniforme. — Faites entrer le coiffeur... Bonsoir, coiffeur. Coiffeur, il faut que les cheveux de votre cliente tiennent bien. Et, cependant, nous allons prendre l'air en traversant le Bois.

LE COIFFEUR. — Je ne vois pas d'autre moyen que de mettre un filet.

FAZIL. — C'est ça, un filet!

FABIENNE. — Mais non, pas de filet. En voilà des idées d'homme! Je veux des cheveux libres.

LE COIFFEUR. — Ça, c'est bien, madame. La liberté pour tous, pour les hommes et pour les cheveux!

FAZIL, qui s'est mis au piano et joue une habanera. — Et pour les femmes!

LE COIFFEUR. — Pour les femmes surtout. Ah! je vous assure que Mme Léopold...

FABIENNE. — Votre femme?

LE COIFFEUR, son travail commencé. — Oui. Ah! elle est pour la liberté. Elle a l'habitude de dire : « Je suis comme la vapeur. Si on m'enferme, ça saute. » Aussi... j'ai essayé de la faire manucure à la maison. Ah! ouitche, toujours dehors et nez au vent!

FABIENNE. — Pas de filet?

LE COIFFEUR. — Pas de filet! Un feutre comme un homme et la voilà partie.

FAZIL. — Où ça, partie?

LE COIFFEUR. — Je ne lui demande pas. Ah! c'est un numéro, je vous assure!

FABIENNE. — Coiffeur, vous vous vantez. Elle est comme toutes les femmes. — Vous me brûlez!

FAZIL, avec une dureté involontaire, s'arrêtant de jouer. — Faites attention! (Avec un sourire revenu.) Si vous bavardiez moins, ça n'arriverait pas!

FABIENNE. — Fazil, ne sois pas sévère!

FAZIL, se levant. — Je ne suis pas sévère... Coiffeur, je suis étonné que votre femme vous laisse sortir. Il faut bien que quelqu'un reste à la maison. Ce devrait être vous...

LE COIFFEUR. — Monsieur m'achète!...

Fazil sort lentement de son pas souple.

Scène III

LES MÊMES, moins FAZIL

LE COIFFEUR. — Ah! madame a un mari qui n'est pas comme tout le monde.

FABIENNE. — Qu'est-ce qu'il a donc d'extraordinaire?

LE COIFFEUR. — Je ne sais pas! Il a des yeux qui magnétisent! J'ai déjà rencontré des yeux comme ça! Quand j'étais au régiment, il y avait un Berbère... Je me rappelle, un sergent. Il avait des yeux que je ne comprenais pas!

FABIENNE. — Mon mari n'est pas Berbère, il est Arabe, et je comprends très bien ses yeux!

LE COIFFEUR. — C'est l'important... Faut comprendre les yeux! Ainsi, j'ai un chien, un berger de la Brie, quand il me regarde, je le comprends...

Le téléphone appelle, la femme de chambre passe l'appareil à Fabienne.

FABIENNE. — Allô... Oui... Oh! par exemple... Oh! en voilà un revenant! Ça va bien?... Depuis quand?... Oh! mais oui, oui, mais oui, montez... Non, non, très contente... C'est ça, montez!

LE COIFFEUR. — Je dérange madame?

FABIENNE. — Pas du tout! (A la femme de chambre.) Introduisez tout de suite M. Jean de Béhopé...

La femme de chambre sort.

LE COIFFEUR. — Oh! j'ai connu ce monsieur! M. Jean de Béhopé... je crois bien... quand j'étais coiffeur à Biarritz, chez Calou. Il y a deux ans, il était très ami avec madame. Ah! un chic homme! Il était en Amérique depuis deux ans. Comme ça, il est revenu...

FABIENNE. — Oui, sans prévenir!

Scène IV

LES MÊMES, JEAN DE BEHOPE

FABIENNE. — Bonjour, Jean!... Comment ça va, mon petit Jean! Quelle surprise!

JEAN, baisant ses doigts. — Bonsoir, Fabienne... C'est gentil, bien gentil de m'avoir reçu immédiatement.

FABIENNE, contente. — Je n'avais aucune raison d'attendre, Jean. J'ai tout de suite reconnu la voix dans le téléphone. Ça m'a fait plaisir... Pas changé. Toujours net, sobre, beau. Pourquoi ne pas avoir écrit?

JEAN. — C'était inutile, Fabienne!

FABIENNE — Asseyez-vous là! (Le coiffeur continue son travail et de même la femme de chambre.) Alors?

JEAN. — Alors, j'ai voyagé. Six mois à New-York!

FABIENNE. — Je connais bien New-York.

JEAN. — Je sais. Six mois en Floride, un peu de Mexique et, au retour, un stage à Chicago, pour étudier les pelleteries. J'ai gagné beaucoup d'argent.

FABIENNE. — Vous n'en aviez pas besoin.

JEAN. — C'est sans doute pour ça... J'arrive de Biarritz.

FABIENNE, qu'on coiffe toujours. — Non?

JEAN. — Si. J'étais à peine resté à Paris. Le temps de régler une ou deux affaires. Et j'ai filé là-bas. J'ai trouvé un Biarritz désert et j'ai appris votre mariage.

FABIENNE. — Qu'est-ce qu'on vous a dit?

JEAN. — Rien. On m'a dit : « Elle est mariée! » Je n'ai pas demandé davantage.

FABIENNE. — Mais on vous a dit à qui?

JEAN. — Oui...

LE COIFFEUR. — Voilà, madame, j'ai fini.

FABIENNE. — Merci. Faites-vous payer.

Le coiffeur sort avec la femme de chambre.

JEAN, la contemplant. — Vous êtes toujours très belle.

FABIENNE, avec une gaieté sérieuse. — Oui, mais il ne faut plus me le dire! Je suis mariée, constations-nous!

JEAN. — Oui. Je le constatais avec regret.

FABIENNE. — Il ne faut pas. Je suis très heureuse, Jean.

JEAN. — Et toujours franche.

FABIENNE. — Toujours très franche. Trop orgueilleuse, trop libre, pour jamais mentir... Je dis ce qui est. Et quand je dis: « Contente de vous revoir », c'est vrai. Et quand je dis: « Je suis heureuse », c'est encore vrai.

JEAN, se levant. — Tant mieux. Oh! de grand

cœur je dis : « Tant mieux! » Je regrette, ce bonheur, n'avoir pu, moi, vous le donner. En route, dans mes pérégrinations, j'espérais encore. Je croyais revenir à temps. Ma déception a été assez rude. Je vous le dis parce que, moi aussi, je suis franc. Mais vous ne m'avez rien promis. Ma tendresse se transformait dans votre cœur. Cet alambic faisait de mon amour une amitié. Je vous la rapporte, s'il n'est pas indiscret de le faire. Et, maintenant, nous n'en parlerons plus.

FABIENNE. — Je n'ai pas d'ingratitude, Jean. Je sais que vous m'aimiez et vous faisiez tous mes caprices.

JEAN. — Je n'étais pas le seul! Toute une cour! Mais quelquefois je me croyais le favori!

FABIENNE. — Vous l'étiez. Tout cela, c'est le passé. Je n'avais pas rencontré l'amour...

JEAN. — Mais vous étiez heureuse de l'inspirer. Vous l'attiriez, inconsciemment peut-être, en le déclinant! Ah! coquette! Avez-vous changé?

FABIENNE, *rieuse.* — Non, je suis toujours coquette et frivole...

JEAN. — Et toujours franche! Arrangez cela!

FABIENNE. — Tout s'arrange!

JEAN, *avec une ombre de mélancolie.* — C'est facile !

Revient la femme de chambre.

FABIENNE. — Vous excusez, Jean... Je dois être prête pour le dîner.

JEAN. — Je m'en vais.

FABIENNE. — Non, restez un peu... Cela nous rappellera quand nous jouions la comédie à la villa Etchegoria... et qu'on nous installait dans le grand salon, avec des paravents chinois.

JEAN. — J'ai revu Etchegoria. Toujours à vous. Mais le nom est changé. Pourquoi Volubilis? C'est moins bien.

FABIENNE, *derrière le paravent.* — C'est moi qui ai changé le nom. Fazil descend d'une famille arabe où, déjà du temps de Charlemagne, il y avait des fondateurs de villes. Il descend d'Idriss Ier qui traversa le désert pour se faire nommer émir, roi si vous voulez, d'une petite cité romaine : Volubilis. Plus tard, son fils, trop à l'étroit, éleva les premiers murs de Fez. En souvenir de cela, j'ai nommé la villa Volubilis.

JEAN. — C'est admirable... On apprécierait beaucoup, en Amérique, où vous étiez si bien reçue... Et... ça vous passionne, cette histoire-là?

FABIENNE, *riant.* — Pas du tout!

JEAN. — Alors, c'est lui?

FABIENNE. — Lui, encore moins. Il n'en parle jamais et je l'ai appris par hasard. J'ai changé de nom sans le prévenir. Il a souri et il n'a rien dit !

JEAN. — Ce n'est pas un manifestant!

FABIENNE. — Oh! non. A part le sport, et tout ce qui est extra-moderne. Vous verrez, en le connaissant.

JEAN. — Je le connais.

FABIENNE, *réapparaissant, en magnifique robe du soir.* — Comment, vous le connaissez?

JEAN. — Mais oui, je le connais, et très bien. Nous avons été ensemble au lycée, d'abord, et puis à Oxford, chez le même correspondant.

FABIENNE. — Oh! par exemple! Moi qui croyais vous étonner! C'est vous qui allez me renseigner sur mon mari....

JEAN. — Vous renseigner? L'avez-vous épousé sans le connaître?

FABIENNE, *assise, cependant que la femme de chambre la poudre et la chausse.* — Ma foi, presque... le coup de foudre...

JEAN. — Vous ! Vous étiez capable du coup de foudre?

FABIENNE. — Il faut le croire!

JEAN. — Qu'avions-nous donc en nous d'irrémédiablement contraire à toute électricité pour qu'une pile, comme il semble que vous en êtes une, n'ait jamais eu l'étincelle à notre contact? Et je ne parle pas du mien seul. Mais quel troupeau d'amoureux vous traîniez à vos jupes! Sarkangue, avec son beau profil basque, Maurice Devalter, pâle dès que vous apparaissiez, Georges Lartignac, le plus sûr des camarades et le plus dévoué des hommes, et Pierre Ferger, et tous les danseurs, les uns et les autres conquis, domptés, aux petits soins. Au milieu de tous, vous passiez comme un rayon, tantôt dorant l'un, tantôt l'autre, mais jamais pour plus d'une heure. A peine si, moi, je me suis cru plus heureux. A chacun, vous avez échappé. Nous vous nommions : Sa Froideur, comme aux princesses on dit : Sa Grâce! ou aux reines : Sa Majesté. Et un étranger passe. Il vous a. Qu'avions-nous donc de si réfrigérant, ou dormiez-vous?

FABIENNE, *souriante.* — Je ne vous aimais pas.

JEAN. — Et vous l'aimez?

FABIENNE. — Serais-je à lui?

JEAN. — Magnétiseur!

FABIENNE. — Qu'est-ce que vous dites?

JEAN. — Rien qui vaille. Au fait, il y a toujours le magnétisme, dans l'amour, le secret de l'instinct... Sait-on jamais pourquoi l'on aime?

La femme de chambre a fini et sort.

FABIENNE. — Mais je sais très bien. Je l'aime parce qu'il est charmant, câlin, souple, avec des grâces de femme et des virilités de guerrier. Je l'aime parce que je l'ai vu et que je l'ai regardé.

JEAN. — C'est bien ce que je disais... Mais le moral? L'âme?

FABIENNE, *allant vers le piano et versant à Jean un verre de vin de Porto.* — Quoi? Voulez-vous dire qu'il soit sujet à caution?

JEAN. — Non, je le connais. Il est peuplé de qualités appréciables. Bon camarade. Très à la page, comme on dit. Mais enfin, c'est un étranger, et quel étranger!

FABIENNE. — Quoi? Quel étranger? Il est comme vous tous... Je vous assure que tout à l'heure, à Madrid, en dînant, nous n'aurons rien de dépareillé et que notre amour visible attirera la sympathie.

JEAN. — Je ne dis pas le contraire.

FABIENNE. — Alors, qu'est-ce que vous dites?

JEAN. — Rien.

FABIENNE. — Vous n'êtes pas revenu pour me contrarier?

JEAN, *prenant le verre.* — Non, enfant gâtée, non. A Dieu ne plaise! Mais, n'est-ce pas, on a eu beau, avec vous, s'attendre à tout, on peut tout de même s'étonner! On vous a pris pour une froide idole, on a désespéré de vous émouvoir. On s'est dit : « Personne, jamais. » Et, tout d'un coup, elle épouse Fazil el Ouargli dont l'ancêtre a fondé Volubilis, dont les aïeux ont régné sur Fez la mystérieuse, Fazil l'Arabe. C'est inattendu... Vous n'avez pas peur?

FABIENNE. — Peur, peur de quoi? Ah çà! Jean! Est-ce que deux ans d'exil vous ont fait perdre la mémoire? Est-ce que vous oubliez comme je galopais sur les plages et que j'ai vécu seule, trois années, à

New-York, habituée à n'obéir qu'à moi-même ? Regardez autour de vous. Qu'y a-t-il d'effrayant?

JEAN. — Vous!

FABIENNE, *s'asseyant sur les coussins.* — Ça, peut-être, et c'est l'opinion de Fazil! Je vous l'assure, sa demande en mariage a été bien timide. Tenez, nous étions au golf de Saint-Jean-de-Luz. Je le connaissais depuis un mois. C'est Sarkangue qui me l'avait présenté un soir de bal, au palais. Et, ce jour-là, au golf, ils étaient présents, tous ceux dont vous parliez tout à l'heure... Devalter, Lartignac, Ferger, Tarrail... Je sentais leurs espérances autour de moi. Ils m'en parlaient... et je sentais le désir d'un seul, qui se taisait. Et quand j'ai dit : « Vous me voulez. Mais qui m'épouserait... Car enfin je suis l'orpheline qui voyage seule. Hein, lequel m'épouserait demain? » Je le vois encore, et j'entends sa voix sinueuse et comme pâlie : « Mais moi! » Et je ne sais à quelle religion il appartient, mais je sais bien qu'à cette minute il me priait... Et je l'ai épousé. Voilà, c'est tout simple, Jean : il m'a plu.

Un petit temps.

JEAN. — Comment vivez-vous?

FABIENNE. — Mais comme tout le monde! Comme vous vivrez avec votre femme. Connaissez-vous de lui quelque détail particulier vraiment inédit, et qu'il me cache?

JEAN. — Non. Je sais de lui ce que personne n'en ignore, que son père régnait sur un domaine large comme nos provinces, dans le Sud, derrière le pays des Chleuhs; qu'il a été vaincu, qu'il a gagné l'Algérie avec un groupe de partisans; et qu'il est mort, presque aussitôt, laissant Fazil...

FABIENNE. — Eh bien, tout cela je le sais. Fazil avait cinq ans. Le colonel Barger l'a cueilli comme un jeune raisin et ramené chez nous. Depuis, plus rien à noter. Les vicissitudes des politiques au Moghreb ont remis mon mari en possession d'une fortune presque sans limites dont il jouit de loin, comme un Français du patrimoine de ses parents.

JEAN. — Il n'est pas Français.

FABIENNE. — Quoi?

JEAN. — Il n'est pas citoyen français...

FABIENNE, *avec reproche.* — Qu'importe ce petit détail! Je suis heureuse et je vous le dis. Puisque vous m'aimez, ça ne vous suffit pas, Jean? Pourtant, il y a un quart d'heure, j'étais si contente de vous revoir...

JEAN. — Et moi, Fabienne?... Mais, moi, j'ai eu tort de revenir, votre présence me fait du mal... Allons, adieu.

FABIENNE, *ensorceleuse, amie, autoritaire.* — Non, non, pas adieu... Il fallait que, d'abord, le passé, entre nous, se remît à saigner... Oh! un peu, hein?... pas trop?... Mais enfin, il le fallait... Maintenant, c'est fini... Cautérisés et grands amis... Allons, la patte?... Si, si, la patte... Là... Et, ce soir, vous dînez avec nous... Je le veux, Jean...

Elle lui tend une main tendre et impérieuse après s'être levée.

JEAN, *embrassant cette main.* — Ah! despote!

Ainsi elle tourne le dos à la porte et ne voit pas qui entre, et non plus ne le voit Jean de Béhopé. Or Fazil, en habit, vient de pénétrer dans le boudoir. En les trouvant seuls, et comme ils sont, il a un mouvement d'une extraordinaire violence, un mouvement de lévrier qui va bondir. Mais il se domine aussitôt et s'avance en souriant.

Scène V

FABIENNE, JEAN, FAZIL

FABIENNE, *très simple.* — Ah! chéri... Tu arrives bien. Il paraît que tu connais M. de Béhopé!

FAZIL, *sans intonation.* — En effet, oui, je connais!... Comment vas-tu?

Il lui tend la main.

JEAN, *même jeu.* — Bien, merci.

FAZIL, *même jeu.* — Je ne te savais pas à Paris.

FABIENNE, *contente.* — Il y arrive, et sa première visite est pour moi. C'est mon fidèle. Aussi je l'ai prié à dîner!

JEAN. — Et j'ai accepté. Comment ne pas obéir à Fabienne? Mais voilà huit heures. Le temps de m'habiller...

FAZIL, *sans rien manifester.* — Ta voiture est en bas ?

JEAN. — Oui, une Cadilhac que j'ai rapportée de New-York... J'y saute et je reviens. (*Courtoisement.*) Je te fais compliment de ton mariage que j'ai appris récemment...

FAZIL. — Où l'as-tu appris?

JEAN. — A Biarritz.

FAZIL, *sans intention apparente.* — Ah! tu en viens ?

JEAN. — Oui.

FABIENNE. — Hâtez-vous, Jean. Ce soir, nous fêtons un victorieux, un certain *Ortolan*.

JEAN, *riant.* — *Ortolan IV*... Oh! je crois bien!

Il sort, accompagné jusqu'à la porte par Fabienne. Fazil reste immobile, comme frappé d'un grand mal soudain.

Scène VI

FAZIL, FABIENNE

FABIENNE, *redescendant.* — Je ne savais pas que tu connusses Jean de Béhopé. Vous vous tutoyez. Vous êtes intimes. Je suis contente.

Un petit temps.

FAZIL, *lentement, d'une voix presque basse.* — Il faut attendre cinq minutes et lui téléphoner de ne pas venir.

FABIENNE, *stupéfaite.* — Qu'est-ce que tu dis?

FAZIL, *tremblant de colère.* — Je ne veux pas revoir cet homme.

FABIENNE. — Ah çà! tu es fou?...

FAZIL, *frissonnant, les poings serrés, le visage terrible.* — Je ne veux pas revoir cet homme!

FABIENNE, *brève.* — Qu'est-ce que tu as à lui reprocher?

FAZIL. — Rien.

FABIENNE, *de haut.* — Alors? C'est le fait du prince?

FAZIL, *après un temps, s'efforçant au calme.* — J'ai tort. J'ai tort. Ce n'est pas ainsi que je dois dire! Ecoute! (*Il cherche ses mots.*) Cet homme... tu l'as beaucoup connu?

FABIENNE, *brève.* — Beaucoup. C'était mon meilleur ami.

FAZIL. — Mais... il t'a aimée?

FABIENNE, *même jeu.* — Il m'a adorée. Et c'est parce qu'il m'adorait qu'il est parti!

FAZIL. — Mais... il te l'a dit?

FABIENNE, *provocante par colère.* — Quoi? qu'il m'aimait? oui! Lui, c'est un homme qui le dit!

FAZIL, il est repris de ce tremblement soudain, puis se domine. — Mais... on a parlé de votre mariage?

FABIENNE. — On en a parlé, oui.

FAZIL. — On te l'a conseillé?

FABIENNE, d'un trait. — Je n'ai jamais demandé de conseils à personne.

Un petit temps.

FAZIL, sans voix, immobile. — Il y a cinq minutes qu'il est parti. Téléphone-lui.

FABIENNE, hors d'elle. — A l'instant même, oui, qu'il se hâte et que nous l'attendons!

Elle va vers l'appareil.

FAZIL, criant tout bas. — Fabienne!

FABIENNE, frappée. — Ah çà! mais... (Elle ne se domine plus.) Oh! non, tu sais, non, pas de ça! N'insiste pas! Ne recommence jamais, jamais! Tu oublies à qui tu parles et nos conventions? Je n'admets pas, je n'admettrai jamais l'expression d'une volonté. Je t'aime, tu le sais, mais je suis libre, tout à fait libre! Tu m'as demandé de t'épouser, et bien gentiment, hein, avec une voix bien douce? C'est cette voix-là qu'il me plaît d'entendre, pas d'autre.

FAZIL, souple, mais pareil à ce qu'il vient d'être. — Je n'ai pas crié.

FABIENNE. — Il n'aurait plus manqué!... Tu n'as pas crié, mais tu as dit : « Je veux! » Je ne veux pas entendre « je veux »!

Fazil se laisse tomber assis, le buste droit, regardant fixement devant lui.

FABIENNE, *allant vers lui, avec tendresse.* — Allons, ne fais pas la statue. Cet accès de jalousie est stupide et, pour une fois, je le pardonne. Mais n'y reviens pas... Allons, Fazil, qu'est-ce que c'est que ça? Le bonheur est fragile, ne sois pas bête!

Il saisit sa main avec une frénésie redevenue douce et la passe sur son propre visage.

FAZIL, d'une voix soyeuse. — Dis-lui de ne pas revenir.

FABIENNE, nette. — Non. Il me déplaît que tu le demandes. Je sais ce que je dois faire... Hou la la... qu'est-ce que c'est que ce méchant Fazil!... Je ne veux plus jamais, jamais le revoir... C'est promis... Plus jamais?

Fazil sourit sans répondre avec un rictus douloureux d'enfant malade.

FAZIL, s'éloignant. — Ne me demande aucune promesse. Je réfléchirai.

FABIENNE. — A ton aise. Mais pour moi, c'est tout réfléchi. (Elle le regarde.) Je ne te comprends pas... J'avais des adorateurs autour de moi, quand tu m'as connue? Tu ne t'en es pas plaint. C'est l'un d'eux qui t'a présenté. Pourquoi cette rage soudaine?

FAZIL, sincère. — Je ne sais pas!

FABIENNE. — D'où vient-elle?

FAZIL. — Je ne sais pas... N'en parlons plus...

Il lui baise les mains avec douceur.

FABIENNE, avec une grande tendresse. — Maladroit!

Elle cherche ses lèvres.

FAZIL, se dérobant. — Pas maintenant, veux-tu? Je suis hors de moi-même, absent d'ici... Tu n'étreindrais qu'un corps où je ne suis pas... attends!

FABIENNE, fâchée. — A ton aise...

Ils se détachent. Il va au piano, rejoue deux accords de la habanera déjà jouée par lui.

LE MAÎTRE D'HÔTEL, entrant. — M. et Mme de Bereuze.

Ils entrent. Habit. Robe splendide.

Scène VII

LES MÊMES, HÉLÈNE, JACQUES

FABIENNE. — Bonsoir.

JACQUES, ultra moderne de ton. — Bonsoir. Nous sommes en retard.

HÉLÈNE, riant. — Si tu crois qu'ils s'en sont aperçus. Tu ne les connais pas! Quand on arrive chez des amoureux, on n'est jamais en retard!

FABIENNE, en dépit d'elle-même. — Oui? Eh bien, ce soir, vous êtes en retard.

HÉLÈNE. — Qu'est-ce qu'il y a? Le torchon brûle?

FABIENNE. — Une flammèche...

HÉLÈNE, s'asseyant. — Qui est l'incendiaire?

FABIENNE. — Pas moi, bien sûr!

JACQUES, gaiement, allant à Fazil. — C'est toi? Pourquoi? Tu n'avais pas misé sur *Ortolan*?

FAZIL, souriant avec une calme nervosité. — Si, si, j'avais misé sur *Ortolan*.

HÉLÈNE. — Regarde-le. Je parie qu'il vient de faire une scène, hein? C'est ça? (Rieuse.) C'est la première, j'espère... Ne la supporte pas. Punis-le sérieusement, qu'il ne recommence pas. Tu te rappelles, Jacques, ta première scène? Qu'est-ce que tu as pris, mon chéri! Aussi depuis... sage, sage comme une image!

JACQUES, riant. — Ma femme est marteau, je t'assure, tout à fait marteau.

HÉLÈNE. — Et toi, qu'est-ce que tu es?

JACQUES. — Moi, je suis l'enclume!

HÉLÈNE, à Fabienne. — Tu l'entends, hein? (A Jacques, gaie.) Viens ici, mon enclume!

JACQUES, venant près d'elle. — Elle m'a roué de coups. Je ne sais combien de gifles.

HÉLÈNE. — Vous voyez, Fazil, ce qui vous attend.

FAZIL, *au piano, bizarre.* — Qu'est-ce que vous aviez donc fait, d'abord, pour motiver la scène?

HÉLÈNE, gaiement. — Je ne sais pas. J'avais flirté, j'étais rentrée en retard, j'étais décoiffée.

FAZIL, l'œil d'angle. — Rien que ça?

FABIENNE. — Oui. Eh bien, moi, je n'étais pas décoiffée, je ne suis pas rentrée en retard, je n'ai pas flirté. J'ai invité Jean de Béhopé à dîner, tout simplement.

HÉLÈNE. — Ton ancien amoureux?

FABIENNE. — C'est ce qu'il dit!

HÉLÈNE. — Tu as bien fait! (A Jacques.) C'est une situation excellente! Ça entretient l'amour nouveau et ça ranime l'ancien...

Fazil dissimule une irritation.

FABIENNE. — Ne plaisante pas. Regarde-le. Il prend tout au sérieux.

HÉLÈNE, riant. — Hou! le vilain Fazil... Fabienne et moi, vous savez, nous avons été élevées à New-York. Et, à New-York, les hommes obéissent aux femmes... Donne-le-moi comme flirt, veux-tu, je vais le dresser!

FABIENNE. — Je n'en demande pas tant!

HÉLÈNE. — Ah! si tu es jalouse aussi...

FABIENNE. — Je devrais bien l'être, pour l'exemple, et lui montrer combien c'est laid! Allons, grand prince, souriez...

Sa tendresse revient.

JACQUES, gaiement. — Elle l'adore! Ah! quels numéros, ces deux-là!

FABIENNE, allant à lui, avec gentillesse et gronderie sérieuse en même temps. — Je l'adore peut-être. Mais je n'admets aucune suspicion, aucune tyrannie, aucune volonté... ça, jamais... jamais... Hélène dit bien : nous avons été dressées autrement... Là, c'est fini, souriez... J'achève de m'habiller et je reviens. Et si Jean arrive, reçois-le bien... sinon je serai fâchée, très fâchée, Fazil...

Elle le menace en riant et sort.

Scène VIII

LES MÊMES, moins FABIENNE

JACQUES, gaiement. — Qu'est-ce que tu en dis, mon vieux? Crois-tu que nous les avons, les dompteuses?... Ah! nos chiens, nos chevaux, nos machines, elles les vengent!

HÉLÈNE, regardant Fazil. — Sérieusement, vous lui avez fait une scène à cause de Jean?

FAZIL, ne la regardant pas. — Qu'importe...

JACQUES, sérieux soudain. — Faut pas être comme ça, mon vieux!

FAZIL, se retournant. — Comment?

HÉLÈNE. — Il a raison, Fazil. Faut pas être comme ça... Je parle sérieusement. Je la connais. Elle est plus passionnée que moi, plus ardente, mais, au fond, toutes les femmes d'aujourd'hui se ressemblent. Faut pas les brimer.

FAZIL, toujours au piano, articulant à peine. — Comment?

JACQUES. — Fazil est très gentil, mais il a des réflexes terribles. Ah ! je le connais. Une fois, au collège, il a manqué tuer un élève pour une balle de tennis. Hélène a raison : faut pas être comme ça!

HÉLÈNE. — C'est vrai, croyez-moi. Vous êtes heureux, vous gâcheriez tout. J'ai vu sa mine, je ne m'y trompe pas!

FAZIL, lointain. — Comment?

JACQUES, se versant du porto. — Et puis, ce n'est pas seulement le caractère de Fabienne, c'est tout l'esprit moderne de l'amour. Faut pas être comme ça... Non, sans blague... Tiens, mon vieux, je crois que nous sommes d'une bonne famille, hein? et à traditions? Mes vieux sont des fossiles : dans notre pays, en Bretagne, on dit de Bereuze comme on dit « la barbe »; eh bien, tout de même, on évolue. Ma sœur (et Dieu sait que c'est une honnête femme, ma sœur!) ...eh bien, elle a besoin d'aller au Mont-Dore. Elle y va. Ce n'est pas une raison pour que son mari la suive. Lui, il va à Aix. Et ils sont très heureux. Faut pas être comme ça, je t'assure... A quoi penses-tu?

Fazil ne répond pas.

HÉLÈNE. — Jacques est dans le vrai. Et, s'il n'y était plus, je ne le supporterais pas. Fabienne et vous, vous ne vous quittez jamais. C'est un tort. A la fin, vous le verrez... Moi, toute la journée, je sors, je vais, je viens, je danse... Jacques s'occupe d'*Ortolan*. Ça l'amuse. Bravo. Moi d'autre chose. Encore bravo!

JACQUES. — Mais oui, je t'assure. On te parle en amis, en copains, On peut, on est assez intimes? De nos jours, la jalousie, au rancart. Ça ne donne rien. Et puis de l'air... Mais oui, elle a raison : faut pas être, tout le temps, la paire de soles! c'est collant!

Un temps.

HÉLÈNE. — Croyez Jacques, Fazil, croyez-le. Vous êtes heureux, c'est la seule façon de le rester.

FAZIL, avec une étrange expression. — Oui... oui... (Un grand temps. *Il se lève.*) Je m'en vais.

JACQUES, saisi, malgré lui, par l'intonation nette et bizarre. — Qu'est-ce que tu dis?

FAZIL, même ton. — Je m'en vais!

JACQUES. — Où ça?

FAZIL. — Ça n'importe pas!

JACQUES, le regardant ébahi. — Ah çà! tu es malade?

FAZIL, très calme d'apparence. — Pourquoi?... Je vous écoute tous les deux depuis cinq minutes. Je vous écoute dire des choses que je sais et, en même temps, que je découvre!

JACQUES. — Qu'est-ce que tu découvres?

HÉLÈNE, comprenant que c'est grave. — Laisse-le dire.

FAZIL. — Tu vois, elle comprend que je suis sérieux.

JACQUES, protestant. — Tu es sérieux!

FAZIL, lent. — Je vous écoute... Un mot revient tout le temps : « Faut pas être comme ça! » Vous avez raison! Mais voilà! « Je suis comme ça! »

HÉLÈNE. — Vous ne le saviez pas?

FAZIL, net et sans hâte. — Non, non... Je croyais que ce que vous dites, ce que vous faites, ne m'atteindrait jamais. Je n'y pensais pas, ou mal. Cela m'atteint : j'y pense. Je découvre... par un incident... et l'effet qu'il m'a produit, là, tout à l'heure... (*On dirait qu'il revoit Jean de Béhopé près de Fabienne, son visage s'altère. Il recommence à trembler. D'un trait rapide, il achève sa pensée.*) Je m'en vais...

JACQUES, effaré. — Mais qu'est-ce qu'il y a eu, vraiment?

FAZIL. — Rien... rien que ce que vous savez... Je m'en vais.

JACQUES, s'exclamant. — Eh bien, et le dîner, mon vieux : Ortolan!

HÉLÈNE, grave. — Et Fabienne, vous l'aimez?

Déjà près de la porte, Fazil se retourne. Son visage exprime une lutte, mais gagnée, et une résolution frénétique cachée sous un sourire qui découvre ses dents. Hélène veut appeler Fabienne. D'un geste, il la retient, d'un geste presque dur, mais courtois.

FAZIL, âprement. — Je m'en vais... Vous direz à Fabienne qu'elle peut faire ce qu'elle veut. En effet, elle me l'a rappelé tout à l'heure. Je l'ai épousée sans la prévenir de certains sentiments que j'ai. Sans doute je ne savais plus que je les avais. Mais je les ai... alors...

Il achève, dans un grand geste large et lent devant lui, un geste de décliner l'avenir qui s'offre.

HÉLÈNE. — Mon petit Fazil, ne faites pas de bêtises. Ecoutez-moi. Vous avez tout pour être heureux...

FAZIL, souriant toujours. — Oui, mais pas ici... Adieu...

Il sort.

Scène IX

LES MÊMES, moins FAZIL

JACQUES, interloqué et ne comprenant pas encore. — Ah! bien, par exemple! Qu'est-ce que tu dis de ça? Ce sont des procédés de gonzesse! Sans blague! J'ai eu une poule comme ça. Un mot de travers, elle partait. Elle se cachait... sous les meubles, dans l'armoire. On la cherchait des heures! On passait sa vie à bouffer froid... Elle revenait tout d'un coup avec le sourire.

HÉLÈNE, hochant la tête. — Il ne reviendra pas.

JACQUES, incrédule. — Tu es comme lui, tu es marteau.

HÉLÈNE. — Tu verras!

JACQUES, les bras au ciel. — Ah! bien alors, celle-là...

Entre Fabienne, un splendide manteau sur sa robe splendide.

Scène X

LES MÊMES, FABIENNE

FABIENNE. — Vous êtes seuls? M. de Béhopé n'est pas là?

Petit temps.

HÉLÈNE, osant à peine. — Fazil non plus...

FABIENNE. — Où est-il?

JACQUES. — Sous un meuble... Dans l'armoire... Soyez tranquille. Je connais ça. Il va revenir.

FABIENNE. — Qu'est-ce qu'il raconte? Il est fou?

JACQUES, se reversant du porto. — C'est vous qui l'êtes! Oh! là! là! que d'histoires.

FABIENNE. — Quelles histoires?

JACQUES. — Demandez à ma femme. C'est trop compliqué pour moi.

HÉLÈNE, allant vers Fabienne. — Ecoute, mon petit, Fazil est parti!

FABIENNE, la regardant, immobile. — J'ai bien compris. Mais où?

HÉLÈNE. — Ça!...

FABIENNE, inquiétée soudain par l'attitude d'Hélène. — Il est parti devant? Il va nous retrouver à Madrid?

HÉLÈNE. — Je ne crois pas...

Un petit temps.

FABIENNE, d'une voix blanche. — Ce n'est pas possible! Voyons!... Vous me faites une farce stupide... Non?... Ça, alors! *(Elle s'assoit presque d'un bloc, comme quand les jambes vous manquent. A mi-voix, appelant.)* Fazil...

HÉLÈNE. — Il ne te répondra pas, va... Je te dis qu'il est parti!

FABIENNE, osant à peine. — Pour toujours?

HÉLÈNE. — Je crois...

FABIENNE, ne trouvant rien, assommée de stupeur douloureuse. — Ça!...

JACQUES. — Mais non... quoi?... Mais non!... Je vous dis qu'il est sous un meuble!

FABIENNE, dressée, se retrouvant, rapide, changeant le rythme. — Mais pourquoi, pourquoi l'avez-vous laissé partir?

HÉLÈNE. — Ah! pourquoi? Il n'y avait rien à faire... Je l'ai vu tout de suite. Il était là, buté, comme une statue, avec des yeux pleins de silence...

JACQUES, bouleversé. — C'est pas des blagues. Il me foutait le trac. Et pourtant, je m'en ressens, hein?

Un petit temps.

FABIENNE. — Mais enfin, je suis mariée!

HÉLÈNE. — Tu divorceras!

JACQUES, furieux. — Oh! je vous le conseille! Un type pareil!

FABIENNE, d'une voix grise. — Fazil!... *(Sa voix s'enfle et se brise à la fois. Elle appelle dans le vide.)* Fazil... Fazil!

LE MAÎTRE D'HÔTEL, entrant. — Monsieur le comte de Béhopé.

Jean de Béhopé, en habit, paraît au fond, souriant. Il s'avance vers Fabienne qui le regarde venir avec de larges yeux fixes de somnambule, des yeux de femme abandonnée qui regarde en avant vers la vie...

RIDEAU

ACTE II

Fez-la-Sainte, dans le palais de Hadj Fazil el Ouargli, seigneur des Ouargla, maître de vingt tribus, prince du Haut Atlas.

Un patio magnifique, mystérieux, entouré de murs épais et orné de faïences anciennes. Colonnes hautes et puissantes. En haut, au fond, derrière des grilles ornées de vieil or, un couloir d'où les femmes du harem peuvent voir sans être vues. Au fond, quelques marches de pierre. En haut de l'escalier, une porte. Quand elle s'ouvre, lourde et épaisse, on aperçoit des jardins fleuris et fermés au lointain par des grandes murailles cuites au soleil. A droite, une autre porte qui s'ouvre sur de sombres avenues descendantes, comme dans les châteaux féodaux.

Scène première

AICHA, MESSOUADA, ZOUROUYA, OURIDA, TRAQUI, JAMILA, L'EUNUQUE

Au lever du rideau, des femmes richement parées. Au milieu d'elles, la vieille Zourouya, marchande et un peu sorcière à tout faire.

AÏCHA, à Zourouya. — Alors, raconte-nous? Dis vite!

MESSOUADA. — Que lui est-il arrivé?

ZOUROUYA, tranquillement. — Il lui est arrivé ce que j'avais prévu. Ses esclaves ont eu le bâton : l'une d'elles est morte dans la nuit. Elle-même on l'a conduite dans le couvent. Elle en sortira quand son maître voudra. Comme il est parti à l'aube pour Marrakech, où il va rejoindre notre Sire le Sultan, ce n'est pas demain...

OURIDA, s'approchant et s'asseyant bientôt. — De qui parlez-vous?

TRAQUI, déjà assise près des deux premières. — De Nayara, la troisième femme du caïd El Mohadi. Il l'a surprise sur la terrasse de la casbah Mahada faisant des signes à une négresse.

OURIDA, tirant l'oreille d'une négresse. — Si la négresse portait un message, il a bien fait de la punir.

ZOUROUYA, secouant la tête. — Oh! la plus austère des femmes! Pas bien coupable, le message. Mais le caïd est vieux, dur. Une esclave morte, l'autre guère mieux et l'épouse au cachot...

OURIDA. — Il ne fallait pas avoir d'intrigue.

ZOUROUYA. — Vous pouvez vous en passer, vous. Je parcours Fez de harem en harem. Ici, c'est fermé, comme juste; les esclaves et les guerriers ont un seigneur qui sait punir. Mais vous, ses concubines, vous, vous êtes heureuses. Il respecte la loi : cependant il est juste, somptueux, jeune, beau et il vous aime...

TRAQUI. — Nous aime-t-il? Il est triste, sauvage; son esprit est toujours absent.

JAMILA. — C'est bien vrai. Même sous nos caresses, il reste de marbre.

OURIDA. — Pas sous les miennes.

JAMILA. — Sous les miennes, non plus, naturellement. Mais jamais il ne rit, et pourtant je sais l'égayer... Il semble que toujours Allah l'emporte, mystérieusement, et très loin.

ZOUROUYA. — Où est-il en ce moment?

OURIDA. — Avec le caïd Hadj Ismaël el Saada qui est venu de Marrakech jusqu'à Fez, tout exprès pour le voir, et de la part de notre Sire le Sultan...

ZOUROUYA, *se levant.* — De la part de Sidna! Ah! cela est fameux à savoir!... Peut-être va-t-il quitter Fez pour combattre?

JAMILA. — J'étais hier dans son lit, il ne m'en a pas parlé!

OURIDA. — Est-ce l'habitude d'un caïd de faire des confidences à ses femmes?

AÏCHA, *riant.* — Oh! non.

ZOUROUYA. — Enfin, nous saurons bien. Aujourd'hui, il va sortir des murs comme chaque jour... pour galoper deux heures dans la plaine. C'est bien entendu, je pars et je reviens avec qui vous savez.

OURIDA. — Dis plutôt avec qui nous ne savons pas! Est-ce qu'il ne se fâcherait pas de ces visites?

JAMILA. — Pourquoi se fâcher?

ZOUROUYA. — Où est le mal? Je suis prudente, experte à discerner ce qui est permis ou défendu... Il n'y a rien de blâmable dans tout ceci.

AÏCHA. — Et puis, ce n'est pas un essai. Une fois déjà? En est-il résulté quelque malheur?

ZOUROUYA. — Chez le caïd Mansour el Mahada, pourtant si sévère, comme le prouve la façon dont il vient de punir l'une de ses femmes, j'ai amené pareille visite. Je parcours Fez-la-Sainte depuis vingt années et toujours fut admis ce que je propose.

MESSOUADA. — Et puis, c'est vrai, nous l'avons déjà fait, il y a quatre jours.

OURIDA. — Pourquoi ne pas avertir le caïd?

ZOUROUYA. — On m'a demandé le secret...

OURIDA, *se levant, aidée par une esclave qui lui passe les mules.* — Tu es une vieille sorcière compliquée...

ZOUROUYA, *riant.* — Moi, je suis simple comme une bique. Est-il vrai qu'il y a ici de nouveaux esclaves?

TRAQUI. — Une vingtaine, achetés récemment et quelques négresses. Deux d'entre eux, admis au rang de guerriers depuis hier, sont en fuite. A leur poursuite le caïd a lancé Ahmed, quelques hommes et les sloughis. Qu'on les rattrape et l'esclave bourreau aura de la besogne.

ZOUROUYA. — Je n'en doute pas. Autrefois, j'ai été en service ici même, chez le grand-père du caïd. Il était bon, généreux, mais parfois terrible.

OURIDA. — Le petit-fils lui ressemble.

ZOUROUYA. — Soyez fières de lui. Evitez-lui la plus menue contrariété. Laissez-moi revenir sans qu'il le sache... tout à l'heure... comme la fois dernière et qu'Allah soit avec lui dans sa promenade...

OURIDA. — Soit. Mais s'il l'apprend et s'il fronce seulement le sourcil, tu seras punie, toi, et par mes propres ordres.

MESSOUADA, *de loin.* — Laisse donc. Le caïd ne saurait se fâcher pour si peu. Va, nous consentons.

JAMILA. — En revanche, tu nous apporteras demain des nouvelles de la ville.

ZOUROUYA. — Toujours les mêmes, les nouvelles! « Ah! sortir, sortir... » soupire-t-on parfois. Pourquoi sortir? Vous êtes bien heureuses ainsi...

OURIDA, *orgueilleuse.* — Certes, nous le sommes.. Qui dit le contraire?

Apparaît à la porte du fond, brusquement ouverte, un eunuque.

L'EUNUQUE, *très grand et pâle, s'inclinant.* — Le caïd vient...

Depuis quelque temps les négresses et trois ou quatre femmes sont déjà sorties par la porte des appartements.

OURIDA. — Viens, marchande de gris-gris... Le petit patio aux faïences vertes est là tout exprès pour entendre tes fariboles.

ZOUROUYA. — Je n'ai pas le temps. Je dois reporter la réponse...

MESSOUADA. — Montons dans la galerie. Derrière les grilles d'or nous apercevrons le vieux caïd Hadj Ismaël. Combien a-t-il de femmes et de concubines celui-là?

ZOUROUYA. — Question oiseuse... De quelles concubines parlez-vous? Des blanches ou des noires? Certes, il en a beaucoup et de tous les pays.

OURIDA. — Allons, vite, vite, voici déjà les guerriers de garde.

Elles sont toutes sorties.

Scène II

HADJ ISMAEL, FAZIL, AHMED

Entrent, armés du cimeterre, quelques guerriers. Ils ont les burnous blancs. Des nègres mêlés à eux se placent devant les portes. Arrivent, lents et majestueux, continuant leur conversation, Hadj Ismaël el Saadi, caïd des Saada, et Fazil el Ouargli, beau et comme brûlé d'un feu intérieur, l'air un peu, sous ce costume arabe, d'un seigneur du quinzième siècle de France ou d'Italie. Une barbe légère achève de lui donner l'aspect, un peu, d'un homme de la Renaissance.

HADJ ISMAËL. — Seul Allah est grand, Fazil Que sommes-nous dans ses mains? Ailes de colombes et rien de plus, mais l'aile qu'il voudra teinte de sang... il faudra bien qu'elle se teinte. Réfléchis et pars. C'est bien d'être revenu à Fez-la-Sainte Mais cela ne suffit pas. Pars, c'est là-haut, sur les plateaux de l'Atlas, que tu dois apparaître et lever ta harka. Alors, à la tête des guerriers et si tu le veux...

FAZIL, *souriant, l'air félin.* — Si Allah le veut, Hadj Ismaël...

Ils s'assoient sur des coussins.

HADJ ISMAËL, *souriant aussi.* — Si Allah le veut, bien entendu!... Ce n'est pas deux cents hommes comme ceux qui gardent ici la vieille casbah de ta famille... c'est cinq mille, dix mille, de pied et de cheval, qui te suivront. Pars, te dis-je! Ton château fort commande les gorges et la route du Sud. Tu seras le maître. Notre Sire le Sultan a prononcé ton nom hier. Le grand soldat de France compte sur toi... le maréchal lui-même, qu'Allah inspire sans le lui révéler autrement que par la sagesse qu'il lui donne.

Il aggrave son mystérieux sourire.

FAZIL, *énigmatique.* — Allah, jusqu'ici, ne m'a inspiré à moi que de m'abstenir, Hadj Ismaël...

HADJ ISMAËL. — T'abstenir! T'abstenir! Est-ce pour cela que tu es revenu? Ecoute-moi : il y a de cela deux années, à la tête de ma propre harka, j'ai été déconfire, vers le Sud, les insoumis. Vers le soir du combat, les burnous gris et noirs fuyaient à l'horizon... Soudain, soudain... je vis se dresser, pareille à ces châteaux que j'aperçus il y a quelques mois, lors de mon voyage sur le Rhin, je vis la vieille casbah des Ouargla — la tienne, el Ouargli! Avec ses tours crénelées, ses donjons, elle était orgueilleuse et terrible, et mon cœur se serre de la savoir déserte.

FAZIL. — Elle n'était pas déserte!

HADJ ISMAËL. — Peuplée d'esclaves noirs, de vassaux de service, de guerriers inoccupés et gonflés de nourriture. Elle était déserte, car tu n'y étais pas...

Un temps. Ils s'assoient sur les coussins.

FAZIL. — Pensais-tu, Hadj Ismaël, que j'y reviendrais jamais?

HADJ ISMAËL. — Non, certes...

FAZIL, *avec son indéfinissable mystère.* — A la même époque, moi non plus je ne le savais pas... Le jour de ce combat dont tu parles, j'abattais sans doute, moi, des pigeons à Deauville et, le soir, tandis que tes grandes tentes se dressaient dans le bled, j'entendais un opéra russe ou je jouais au chemin de fer, au baccara si tu préfères, avec les marchands les plus obèses de Londres ou de Paris. Je n'étais plus de cet Atlas dont tu parles...

HADJ ISMAËL. — Tu en étais, puisque tu y es revenu.

FAZIL. — Tu montres une fois de plus ta sagesse. Ce que tu me dis m'a été révélé un soir. Oui, un soir, j'ai compris que je suis d'ici. Un soir, j'ai pris en horreur, d'un coup, — d'un seul coup, tu m'entends, — tout ce qui, depuis vingt années et plus, m'avait été appris par ceux qui viennent aujourd'hui façonner à leur manière... et sans doute de bonne foi... le vieux Moghreb. Tu as voyagé en Europe, Hadj Ismaël. Tu connais les mœurs de là-bas. Je les avais adoptées toutes, et si bien que chacun s'y trompait, moi le premier. En une minute, dis-je, une, pas deux, je les ai abandonnées. Mon parti est pris, vivre ainsi qu'autrefois mes aïeux ont vécu! Dans Casablanca, je suis arrivé l'an passé comme un émigrant d'Europe. Le lendemain, j'en repartais autrement vêtu et tel que tu me vois, dans ma tradition tant de fois centenaire. (*Il se lève.*) Aujourd'hui, moi, Fazil el Ouargli, seigneur des Ouargla, maître de vingt tribus, et prince de la montagne, je me retire du temps. Partez sur ce fleuve et laissez-moi la rive. Je vis comme je le veux, comme j'aurais vécu quand nous étions inconnus des hommes, ignorant des mœurs d'outre-mer et véritablement maîtres et seigneurs!

HADJ ISMAËL. — Ne le sommes-nous plus?

FAZIL, *avec un étrange sourire.* — Si, oh! certainement si. Mais vous moins que moi. Car moi, je reviens déjà d'où vous allez... J'ai d'inépuisables richesses. J'ai restauré le château fort, retrouvé ma maison, je règne sur mes tribus, j'ai mes femmes. Je ne veux plus rien savoir. J'ai fait le voyage plus vite que vous et je suis de retour. Inch'Allah, Hadj Ismaël... Veux-tu des confitures et reprendre du thé?

HADJ ISMAËL. — Mais pourquoi cette volonté soudaine et, je le sens, infranchissable tout d'un coup, infranchissable comme le désert lui-même?

FAZIL, *souriant et presque nerveux.* — Comme le désert? Si ce n'était que comme cela! — On franchirait plus facilement à pied et sans bâton l'infranchissable Atlas que ma volonté et... tiens... Hadj Ismaël... puisque je te parle de l'Atlas et que tu consens à me poser une question, voici ma réponse... Il y a, au-dessus de la casbah des Ouargla, de la mienne, il y a des neiges mystérieuses... Eh bien...

HADJ ISMAËL, *il se lève.* — Eh bien, Fazil?...

FAZIL. — Eh bien, Hadj Ismaël, il suffit de l'aile d'un oiseau, d'un tout petit oiseau pour déterminer l'avalanche. — Voici ma réponse.

HADJ ISMAËL. — Si je suis renseigné, je la comprends.

FAZIL. — Mettons que tu sois renseigné.

HADJ ISMAËL, *grave.* — Hadj Fazil!... Allah commande à l'homme d'avoir la victoire sur la femme...

FAZIL. — Ai-je l'aspect d'un vaincu? Puisque nous parlons ici comme des hommes d'Europe — tu m'y as contraint, et c'est la dernière fois — je te rappelle — car tu sais tout — je te rappelle une certaine phrase de Bonaparte qui fut tout de même un grand caïd, encore qu'il ait moins bien réussi en Egypte qu'ici le maréchal dont tu es l'avocat... Il a dit... excuse-moi de ne répéter que la fin de la phrase, car il est un mot que je ne prononce pas... Il a dit: « Il n'y a qu'une victoire, c'est la fuite! »

HADJ ISMAËL. — ... « En amour? »... Tu es moins victorieux que tu ne penses.

FAZIL. — Il me reste donc à le devenir.

Un temps.

HADJ ISMAËL. — Puis-je avant de m'éloigner te demander ce que je pourrai répondre à notre Sire le Sultan, s'il me pose la question : comment comptes-tu vivre?

FAZIL. — Mais comme je vis : mes vassaux, mes chevaux, mes chiens, mes femmes. Je respirerai des roses et je bâtirai des châteaux...

HADJ ISMAËL. — Inch'Allah ! Tu as peut-être raison.

FAZIL. — J'ai raison, Hadj Ismaël. Vous allez vers quelque chose dont je suis déjà revenu. Ainsi fera l'empire, dans le cours des temps à venir. Ainsi fait chaque créature vivante. On n'avance pas. On ne change pas. Apparence! Apparence! Tôt ou tard, la fleur tombe et redevient sa propre graine en dépit des jardiniers.

HADJ ISMAËL. — Tu as tout de même gagné au contact que tu fuis maintenant.

FAZIL. — J'y ai gagné de savoir que j'allais tout y perdre... (*Il perd peu à peu sa frénétique mais hautaine froideur.*) Ah! la ville, la ville Lumière (quelle prétention!)... la ville que j'ai quittée un soir, avec quelle joie je l'ai quittée! Le pays arbitre du monde, avec quelle joie j'ai senti le navire — et quel dégoûtant navire ! — s'en éloigner ! Le costume, le costume d'un certain ouvrier Orosen, avec quelle joie je l'ai laissé dans la nauséabonde Casablanca pour le troquer contre le saroual, les tchamirs nombreuses et souples, la djellaba, le selham! Les autos et même les chevaux anglais qui foulent l'herbe taillée des petits enclos, avec quelle joie je les ai perdus pour retrouver les chevaux souples du Moghreb, avec quelle joie!...

Il respire profondément, les narines dilatées, l'œil enflammé.

HADJ ISMAËL, *avec une lente ironie.* — Tout cela, toute cette avalanche, à cause de l'aile d'un oiseau?

FAZIL, *presque brutal.* — A cause de l'aile d'un oiseau...

HADJ ISMAËL. — Comment était-il, cet oiseau?

FAZIL. — Je n'y pense jamais, Hadj Ismaël.

HADJ ISMAËL. — Je t'en félicite. Mais prends garde : celui dont les yeux ont été brûlés par la lune ne sait plus marcher aux étoiles.

FAZIL. — La volonté est un bâton qui guide très bien les aveugles.

HADJ ISMAËL. — Alors, en route. M'accompagnes-tu?

FAZIL. — Oui... jusqu'aux murs où t'attendent ceux de ton escorte De là, je vais courir la plaine. Et selon la tradition, Hadj Ismaël, tu la connais : même quand je sors pour galoper deux heures, j'emmène vingt chevaux et douze mulets.

HADJ ISMAËL. — Tes aïeux faisaient ainsi.

FAZIL. — C'est pour cela que je le fais. (*Entre Ahmed, un nègre colossal, suivi d'autres et tous armés. Ils tiennent un captif.*

Scène III

LES MÊMES, AHMED, UN CAPTIF

FAZIL, bref, hautain. — Qu'est ceci? Ce bruit?

AHMED, après les saluts du respect. — Caïd, nous avons attrapé les fuyards achetés hier. L'un d'eux est étendu dans la prison. Les sloughis ont mordu ses jambes. Voici l'autre.

FAZIL, lent, immobile. — Qu'est-il besoin de venir jusqu'à moi pour ceci? L'ordre est silencieux...

AHMED. — Il a dit qu'il avait dans le Sud un protecteur...

FAZIL, violent soudain. — Comment?

AHMED. — Un commandant français... Il se prétend libre et dit qu'on n'a pas le droit...

FAZIL, blême et roide, sans crier, mais avec fureur sur le « pas le droit ». — Pas le droit?... Pas le droit?... Il faut, Ahmed, que je pense à ton dévouement pour ne pas te punir toi-même. Pas le droit?... Que ce soit sa dernière parole! (Ahmed s'incline. Fazil, redevenu calme, à Hadj Ismaël.) Pas le droit?... L'Europe est démocratique, Hadj Ismaël! Un jour, sur le bled, sur le bled vieux comme la race, mon cheval s'est cabré. Un papier volait sous ses yeux dans un tourbillon de poussières rouges... je reconnus une feuille communiste, pareille à celles qu'on trouve en France sur les bancs des squares. C'est aussi pour cela que je veille.

HADJ ISMAËL. — Tu es logique, Hadj Fazil... Mais... n'ai-je pas reçu moi-même, dans un colis de livres, à Marrakech... n'ai-je pas reçu un magazine? J'y ai vu ton portrait sur un champ de courses... parmi des gens de tréteaux et de danses. Cela s'appelle « Femina » je crois...

FAZIL. — Tu vois, Hadj Ismaël, que je reviens de loin...

HADJ ISMAËL, souriant. — L'aile de l'oiseau...

Ils sortent.

Scène IV

AHMED, LE CAPTIF, QUELQUES GUERRIERS

AHMED, au Captif. — Tu as entendu le Caïd? Pourquoi es-tu parti? Tu aurais mangé ce soir le mouton rôti avec nous... le même mouton que le Seigneur. D'esclave, il te faisait guerrier. Au lieu de cela, tu vas mourir.

LE CAPTIF, avec un sourire de mépris. — La mort... peuh!... Pourquoi pas le supplice? Il le pourrait. Il est maître chez lui. A-t-il peur des Français?

AHMED, plus dur. — Qu'est-ce que tu dis?

LE CAPTIF, avec passion. — Vous êtes insensés, toi et les autres. Insensés comme des chameaux d'un an. Je me suis enfui parce que je voulais aller plus au Sud, loin de Fez la sainte, la féodale. Je sais un poste où est un homme à képi... et cet homme-là est un commandant d'Europe. Il nous a expliqué que, depuis des centaines et des centaines d'années, en France, il n'y a plus de vassaux comme ici, plus d'esclaves... Il y en avait autrefois, et des caïds dans des châteaux forts. Mais on leur a coupé la tête à tous, et même à leur Sultan, comme tu vas me la couper à moi. Ah! ah! si tu savais, noir imbécile! Dans leur pays, tout le monde est libre, jusqu'aux youdis. L'homme au képi nous l'a expliqué... Il nous a dit qu'il fallait désobéir aux caïds et que les hommes sont égaux, libres... C'est pour cela qu'hier je me suis enfui...

AHMED, en même temps qu'il tire son cimeterre. — Le képi est loin, le sabre est près! Chameau d'un an toi-même! Ce roumi, de quoi se mêle-t-il? Est-ce que le grand képi qui est à Rabat n'est pas l'ami des caïds? Il l'est et les caïds le reconnaissent pour Seigneur. Ton képi plus petit qui tenait ces discours n'avait qu'une tête, mais sept langues. Parce que tu l'as cru, tu t'es sauvé de chez ton maître. Tu es devenu esclave. Ici, tu pouvais redevenir guerrier.

LE CAPTIF, criant. — C'est la même chose!

AHMED, avec indignation. — Allah! Allah! qu'est-ce que tu dis? Tiens, vois, si c'est la même chose! (Il frappe et le tue d'un coup lent et sûr.) Pauvre tête vide! C'est nous, ce soir, qui mangerons ta part de mouton. Allons, enlevez-le... (Il ricane.) Ce n'est pas encore demain que les caïds ne seront plus chez eux les maîtres! Inch'Allah!

Les guerriers emportent le mort à droite.

L'EUNUQUE, revenant à gauche. — Qu'est-ce que tu faisais? Est-ce l'endroit d'une exécution?

AHMED. — C'est partout l'endroit d'obéir, eunuque, femme ou guerrier. Le caïd m'a dit : tue! J'ai tué!

L'EUNUQUE. — Et moi, je te dis : pars!

AHMED. — Je pars ; chacun donne les ordres qu'il faut.

Il danse presque et chante, prêt à sortir, avec une espèce de sarcasme intérieur.

O guerriers, mes frères guerriers,
Laissez ces hommes veiller les femmes
Et les défendre des roumis...
Montez sur les murs blancs où grimpe la lune
Et sur ce couteau d'argent mou
Aiguisez votre sabre dur...

Il rit.

Mange des confitures, eunuque. Moi, je vais mâcher des piments!

Il sort à droite.

Scène V

L'EUNUQUE, LES FEMMES, et puis ZOUROUYA, et bientôt FAZIL

L'EUNUQUE. — Les femmes du caïd, derrière les grilles, ont vu ce guerrier tuer l'esclave. L'une s'est évanouie. Une autre a ri. Ce n'est pas vrai que toutes les femmes se ressemblent.

OURIDA, entrant avec d'autres. — Qu'est-ce que tu dis? Tu parles seul? Réponds!

L'EUNUQUE. — Maîtresse, je dis : aucune femme ne ressemble à l'autre.

OURIDA, avec mépris. — Naturellement. Il n'y a que les eunuques qui se ressemblent. Tu es remise de ton émotion, Messaouda?

MESSAOUDA. — A peine, quel spectacle!

OURIDA. — J'en ai tant vu déjà! Laisse donc!... Cet homme a mérité son sort et, sous le grand-père du caïd, il ne s'en serait pas tiré à si bon compte...

ZOUROUYA, arrivant par le fond. — Bonne affaire pour moi, bonne affaire! Femmes d'Europe, beaucoup de douros... (Elle descend vers les femmes présentes en scène.) Les visiteuses sont arrivées. Nous avons une bonne heure pour boire le thé, manger les pastilles, déguster les mensonges. Les autres maîtresses sont-elles prêtes? Allah!

Elle dit ce mot avec frayeur. En effet, Fazil vient d'apparaître par la porte de droite.

FAZIL, bref, avec une violence froide. — Eunuque, appelle toutes les maîtresses. Qu'elles viennent ici voilées!

OURIDA, blémissante. — Seigneur, que se passe-t-il? Chaque jour, à cette heure, tu es sorti de Fez et tu galopes...

FAZIL, à Zourouya immobile et d'une voix unique. — Toi, approche. Quelles sont ces femmes, ces femmes d'Europe que, subrepticement, tu as fait entrer dans le palais? Parle et ne mens pas à propos d'elles, je les connais. Ma question est oiseuse. Ce n'est pas : quelles sont ces femmes?... que je veux dire. Je les connais. C'est : pourquoi sont-elles ici? Dans quel but? Allons... Combien sont-elles?

ZOUROUYA, tremblante. — Deux.

FAZIL, comme à lui-même, rapide. — Deux, c'est bien cela. J'ai vu dans la ville, non loin de la Casbah, et comme guettant, attendant, j'ai vu les hommes qui les accompagnent. Toujours pareils! Mais moi, moi, ils ne m'ont pas reconnu. J'ai tourné bride (A Zourouya.) Je sais par laquelle des portes les femmes sont entrées. L'esclave portier leur a ouvert, déjà, il y a trois jours. Tu les accompagnais. Parle. Pourquoi?

ZOUROUYA, même jeu. — Seigneur, ai-je fait mal? J'ai demandé la permission aux maîtresses. Interroge-les. Ce n'est pas contre les usages de recevoir des visiteuses. C'est un amusement, une distraction.

FAZIL, il articule très lentement et d'une façon qui veut tout dire, le dernier « Hâte-toi ». — Explique-toi, sans te défendre. Mais hâte-toi. Hâte-toi.

ZOUROUYA, le visage gris de terreur. — Je les ai connues en vendant à l'une d'elles des lézards gris, vivants. Elle loge chez un seigneur français, dans la rue qui, maintenant, porte le nom du maréchal. Elle m'a demandé si tu étais bien le caïd Fazil el Ouargli, le seigneur des Ouargla et le maître de vingt tribus. J'ai dit oui. Elle m'a demandé encore depuis quand tu étais de retour à Fez et quand tu sortais, et combien tu avais de concubines. Et, pour finir, si elle pourrait visiter ton harem. J'ai demandé la permission aux maîtresses, comme je dis. Les Européennes sont venues une fois! Ne me fais pas de mal. Ne me punis pas... Ne me punis pas...

FAZIL, sans élever la voix, sans un geste. — Va au-devant d'elles. Amène-les. Si tu dis un mot, un seul mot faisant comprendre que je suis là et non dehors, je te punirai de telle sorte qu'on en parlera dans vingt ans chez toutes les maquerelles, les sorcières et les marchandes de lézards! Va. Et tu as compris? Pas un mot!

Pendant toute cette scène, muettes, voilées, une par une, sont entrées des femmes. Elles sont maintenant dispersées dans le patio, immobiles, comme les feuilles quand l'orage prochain noircit le ciel. Derrière Fazil el Ouargli se tiennent les guerriers.

FAZIL, à lui-même. — Est-ce pour cela... est-ce pour cela que depuis trois jours tant de choses sont en moi que je ne puis chasser? (Aux femmes, sans dureté, avec un reproche douloureux.) Pourquoi aucune de vous ne m'a-t-elle parlé? Ai-je, à une seule de vous, appris à se méfier?... Que celle qui aurait un reproche à me faire réponde!... Savez-vous quelques détails sur ces femmes?...

OURIDA. — Nous ne savons rien... Interroge chacune de nous...

FAZIL. — Rien?

OURIDA. — Rien. Celles qui vivent dehors posent toujours les mêmes questions. Elles les ont posées, c'est tout.

MESSOUADA. — L'une d'elles a demandé si nous t'aimions. J'ai répondu.

FAZIL, bizarrement, d'une voix lente. — Vous a-t-elle demandé si je vous aimais?...

MESSOUADA. — Non. (Un silence.)

FAZIL, dans une sorte de crispation rauque, rapide. — Viennent-elles?

OURIDA. — Les voici!

FAZIL, à mi-voix, comme un guerrier qui attend l'ennemi et mesure tout le péril. — *Duellum!*

Maintenant, le grand patio somptueux et secret, où monte le jet d'eau, a pris je ne sais quelle effrayante immobilité. Les femmes, sous leurs voiles, sont comme des torches environnées d'une fumée légère et qu'aucun souffle du dehors n'anime. Elles attendent. Les guerriers, moines de ce cloître, sont suspendus à l'ordre qui peut venir. Une sereine fraîcheur ajoute encore à l'impression qu'on est loin de la torride liberté de l'extérieur. Seules sont ouvertes les portes qui, dans le fond, dominent les marches et qui ouvrent vers les jardins ensoleillés. A cette porte, sous une grande ombrelle, dans une robe de Paris, apparaît tranquillement Fabienne.

Scène VI

LES MÊMES, FABIENNE et puis HELENE

FABIENNE, elle étouffe un cri en voyant Fazil et demeure interdite et pâle comme une femme dont le cœur vient de se serrer et de se gonfler. — Ah!

FAZIL, après un temps, sans un mouvement. — Vous vous troublez, vous changez de visage. Pourquoi?... Si quelque chose est étonnant, ce n'est pas que moi je sois ici. Vous vouliez voir les femmes de mon harem. Les voici.

FABIENNE, faisant allusion, hautaine, aux voiles. — Je les ai déjà vues. Et mieux...

FAZIL, dur. — Il est vrai que seule, ici, vous êtes sans voiles...

Un temps. Ils se regardent sans se rapprocher.

HÉLÈNE, elle arrive à son tour, suivie de Zourouya. Elle s'avance avec la même somptueuse désinvolture que si elle était à Paris ou à New-York. — Fazil! Ah! par exemple!... Eh bien, mon cher, je vous revois avec plaisir. Magnifique. Un peu changé, mais magnifique. Bonjour.

FAZIL, avec une ironie, sous la courtoisie de l'attitude. — Vous n'êtes pas changée, vous. Je voudrais être seul. (Aux guerriers.) Retirez-vous! (Aux femmes, avec une irréprochable politesse.) Et vous de même, je vous prie. (A Zourouya.) Toi, reste là.

Les femmes sortent par deux portes, comme glisseraient des fantômes. Les guerriers de même, eux par le fond et à gauche.

HÉLÈNE, avec une ironie rieuse. — C'est admirable comme vous êtes obéi.

FAZIL, souriant et d'une voix sinueuse. — N'est-ce pas? J'ai dit que je voudrais être seul. Ne souhaitez-vous pas visiter ma casbah plus en détail? L'architecture est belle et dans un jardin, tout à fait secret, il y a des roses si nombreuses qu'elles ont fait mourir les autres fleurs. Ne souhaitez-vous pas les respirer? Cette femme vous conduira.

HÉLÈNE, même jeu. — Dites-moi que je vous gêne et que je suis indiscrète? Nous sommes toutes les deux indiscrètes, d'ailleurs. Et si Fabienne m'avait écoutée... Mais vous la connaissez, elle en fait toujours à sa tête, et il faut lui céder...

FAZIL, à Fabienne, qui a descendu lentement les marches. — Alors, priez votre amie d'aller respirer les roses. (Avec une ironie effrayante et voilée.) A moins qu'elle ne veuille monter sur les terrasses. On y voit toute la ville sainte, mais de si haut qu'on ne peut de la rue s'y faire entendre.

HÉLÈNE, hautaine et riante. — Soyez tranquille, mon cher, je n'ai pas l'intention d'appeler. (A Fabienne.) Tu veux que je te laisse seule? (Fabienne fait signe que oui. Hélène se rapproche et, à mi-voix.) Pour quoi faire? Laisse cet homme où il est. Tu n'as pas peur?

FABIENNE, avec un sursaut. — Comment?

HÉLÈNE, riant, rassurée. — Oui, après tout, je te connais! (A Fazil.) Je vous laisse, mon cher, je vous laisse. Mais à charge de revanche, vous savez. Quand vous reviendrez à Biarritz, chez moi, si vous me dérangez, je vous enverrai près du phare voir si l'herbe pousse. Enfin, je vous laisse. Mais rappelez-vous mon dernier conseil, au Ritz, le conseil qui vous a fait fuir: pas de scène. Enfin! Inch'Allah! comme vous dites. Je vais voir les roses... Est-ce qu'on a le droit d'en cueillir?

FAZIL, la regardant et toujours souriant, toujours comme une cire. — Madame de Bereuze... ici... dans le palais où vous êtes... on a tous les droits!

HÉLÈNE. — *All right!*

Elle sort, suivie de Zourouya. Un grand temps.

Scène VII

FABIENNE, FAZIL

FABIENNE, surmontant son émotion et immobile. — Croyez, avant toutes choses, que je n'ai pas cherché à vous revoir.

FAZIL, moins noble que jusqu'ici, avec une ironie visible. — Je suis sûr que vous êtes ici par hasard ou par la volonté d'Allah... sans y être pour rien, comme le pollen voyage dans le vent...

FABIENNE, hautaine et prenant le fer. — Est-il indispensable de parler arabe, par comparaison? L'ironie n'est pas de mise, je t'assure... Mais puis-je m'asseoir?

FAZIL. — Tu le peux. (Faisant un pas rapide vers elle et, d'une voix qui court.) Mais il vaudrait mieux, je le crois, partir tout de suite et sans te retourner, traverser les mers. Qu'es-tu venue ici entendre et chercher? Un homme que j'étais? Il est mort. Je l'ai assassiné moi-même, sur la route, au sortir de ta ville. Il avait une âme d'esclave et de femme. Je ne pense jamais à lui qu'avec mépris et comme un vainqueur.

FABIENNE, sifflante. — Il est certain que c'était un fuyard. Tu as raison, il ne valait pas cher. (Elle le regarde, semble l'examiner.) Mais, je te regarde. Tu lui ressembles!

FAZIL, tressaillant. — Qu'est-ce que tu dis?

FABIENNE, cruelle. — Tu lui ressembles! Bien souvent, cet homme que tu as tué, je l'ai vu me regarder, moi. Il n'était pas très à l'aise, un peu timide, un peu gauche, avec des airs trop voulus d'être sûr de lui, des airs de fauve qu'on a dompté, un peu rampant et qui lèche plus qu'il ne mord. Tu lui ressembles!... Allons, allons, Fazil... Fazil...

Elle a pris le ton de parler à un fauve qu'on provoque et qu'on apaise. Un temps.

FAZIL, redevenu maître de lui. — J'ai posé une question. Qu'es-tu venue ici entendre et chercher?

FABIENNE, étonnée de ne pas trouver la réponse en elle, et d'une voix altérée. — Je ne sais pas... Non, vraiment! Quand j'y pense : toi et moi, en face l'un de l'autre, après ta lâcheté! Faut-il tout de même, faut-il qu'il y ait en moi de l'amour, pour que je puisse te voir sans haine et être émue...

FAZIL. — Alors... vous ne voulez pas me dire pourquoi vous êtes ici? Comment?

FABIENNE, la voix pâlie, doucement. — J'ai été très malade, Fazil, après ton départ... J'ai failli mourir... Oui... Cela t'étonne?... Ce sont des choses qu'on lit dans les romans. Peut-être même dans la poésie arabe, hein, double brute!... Tiens, tiens, fais attention, je viens de revoir dans tes yeux cette lueur tendre qui t'éclaircissait quand j'ai eu cet accident de cheval, à Paris, il y a trois ans... Tu te rappelles? Là... c'est ça... éteins-la... Ah! sauvage!... Très malade, Fazil... Mais ça ne s'est pas vu... J'ai de l'orgueil... Et puis je t'ai oublié... et puis quelqu'un que je connais s'est occupé de terrains à Casablanca.

FAZIL. — Qui?

FABIENNE, nette. — Jean de Béhopé!...

FAZIL, il ne bouge pas. — Il vous aime toujours?

FABIENNE, très simple. — Je n'en sais rien.

Un temps.

FAZIL, avec une sorte de stupeur. — Vous n'avez pas fait constater mon départ, demandé le divorce?

FABIENNE. — Non. — A quoi penses-tu?

FAZIL, étrangement. — A rien. J'écoute.

FABIENNE, elle se lève et parle maintenant d'une voix frémissante et toujours sans éclat. — Tu es une brute et tu t'es conduit d'une façon abjecte. Ah! poli toujours, certes, et rusé! Mais ce départ, quelle vilenie!... Tu avais donc si peur... Je me demande... peur de quoi?... De ressembler à Jacques de Bereuze?... Imbécile!

FAZIL, toujours immobile. — Que fait ici Jacques de Bereuze?

FABIENNE, le regardant. — Je me demande pourquoi je te réponds! (Mais elle répond.) Jacques et sa femme m'ont accompagnée. Jean de Béhopé est de mes amis. Il était au Maroc. Nous y sommes venus. Oh! ne pense pas que j'aie eu le besoin mystérieux de voir d'un peu près ce qu'est le pays de mon mari. Ce mari-là, pour moi!... Mais pourquoi est-ce que je mens? Peut-être, après tout, que j'ai eu obscurément le désir de comprendre... Mais je ne savais pas que tu étais ici... Oh! non... Si je l'avais su, j'aurais été en Norvège ou en Russie... Non... On se fait des idées. Au fond, je ne savais rien sur toi... Je te croyais exilé de ton pays et ne pouvant y aborder... Alors, oui, je l'avoue... j'ai eu envie d'y venir, de te rechercher dans toute chose sans risquer de te rencontrer... Ah! malheureux! Par moments, imagine-toi, je t'ai cru mort... ou bien très près, à Paris, te cachant...

Parfois, dans la rue, je me retournais... et il me semblait que tu marchais derrière moi... J'ai cru t'apercevoir un jour... je t'ai appelé... Ah! je te l'ai dit, j'ai été très malade. (Sa voix est devenue tendre, plaintive, en dépit de sa volonté.) Quand j'ai appris, à Rabat, un soir, par hasard, ta présence à Fez et comment tu vivais... j'ai voulu repartir pour la France tout de suite. Et cependant, je suis venue à Fez... en dépit des conseils... Ah! déserteur!... Et, en dépit des conseils aussi, j'ai voulu visiter ta maison... voir de mes yeux... Je voulais voir. J'ai vu... j'ai vu!... Je voulais voir, mais pas toi. Oh! non, pas toi!... (Peu à peu, elle ne se maîtrise plus. Son amour se trahit dans chacun de ses mots, dans ses intonations à la fois amères, tristes, sensuelles.) Quand je pense que j'ai tenu cet homme-là dans mes bras, le seul, le seul, et que j'ai été à lui, comme une bête... et qu'il est parti, qu'il m'a quittée et que le voilà, là, déguisé en je ne sais quoi!... Ah! oui, oui, mon bonhomme, fais ton sourire de cheval de course, tes yeux d'angle pleins de venin... Je les connais, va!... Je te revois en pyjama... ta tête, ta mauvaise tête câline sur mon épaule... (Elle murmure presque.) Brute!... Brute!...

FAZIL, à voix basse. — Va-t'en!

FABIENNE, sursautant. — Comment?

FAZIL, plus bas encore. — Va-t'en!

FABIENNE, avec une ironie où paraît la victoire. — Ah! ça... mais tu m'aimes tant que ça, Fazil?

FAZIL, presque en suppliant. — Va-t'en!

FABIENNE, avec toute la tendresse de la rancune et du pardon. — Imbécile... (Il se laisse tomber assis et cache sa tête dans ses mains. Fabienne, debout, lente, se le désignant à elle-même de son bras tendu.) Et c'est pour cela... pour cela que tu m'as fait tant de peine... pour en arriver là... à ce geste douloureux et partout pareil... pour cela... pour cela que tu as quitté la vie merveilleuse que nous avions... pour être quoi? Ici, dans ce cloître? Un amant qui a fait du mal et qui souffre...

FAZIL, il se redresse, puis, avec angoisse. — Va-t'en!

FABIENNE, ricanante. — Ah! Ah! Fazil! Fazil! Si tu l'as tué, l'homme d'autrefois, il revit bien! Comme il revit bien! Chez nous il y a aussi des croyances... Le spectre du mort revient devant le meurtrier... Il s'insinue. Il s'impose. Il s'acharne. Et c'est lui qui devient le maître. Pauvre petit! Mais, autrefois, à Paris, dans mes bras, trop satisfait de mes caresses, tu étais librement un Arabe, un orgueilleux audessus de l'amour. Tiens! pardi! l'amour, tu l'avais... tu pouvais en faire fi... Tu pouvais, un soir de rage et de folie, y renoncer... Mais ici... Déguisé, je te dis, Fazil, déguisé...

FAZIL, farouche. — Non...

FABIENNE, proclamant sa force. — Si... Déguisé! Tu te cherches : jamais plus tu ne te trouveras. Il suffit que j'apparaisse; il suffit que je vienne. Je te révèle par ma présence que depuis des mois tu m'appelles... tu me regrettes... Depuis des mois tu me pleures, homme à l'œil sec! Je suis ta femme.

FAZIL, il bondit vers elle et la saisit par les deux bras. — Qu'est-ce que tu dis?

FABIENNE, sans reculer, offerte, son visage en face du sien et si proche. — Je te dis que je suis ta femme!

FAZIL, se dégageant et criant presque. — Va-t'en!... Va-t'en d'ici, malheureuse, va-t'en!... Ah! si tu savais, si tu pouvais savoir les tortures réveillées en moi par tes paroles... Va-t'en!... Est-ce que mes yeux ne te font pas peur? Est-ce que tu ne me vois pas trembler? Trembler comme l'alfa sous le piétinement de la tempête... Ah! pourquoi es-tu revenue?... Tu n'as pas peur?

FABIENNE, secouant la tête. — Je n'ai pas peur. Je t'aime! Et je t'ai déjà vu ainsi.

FAZIL, dans une détresse infinie, criant tout bas. — Allah! Allah! Où es-tu? Où es-tu?... Je vais comme dans le désert en homme qui cherche à s'accrocher et ne sent plus rien dans ses âpres mains que la molle fuite des sables...

FABIENNE. — Pauvre fou, qui n'as pas compris qu'un amour comme le nôtre, c'est la prison! On ne s'enfuit pas, Fazil...

Elle s'accroche à lui.

FAZIL. — Va-t'en!

Il se dégage. Il reste haletant devant elle. Un temps.

FABIENNE, tristement. — Pourquoi, toujours ce mot? Naturellement, je vais partir. Je sortirai de ce palais. Mais de toi, je ne sortirai plus.

FAZIL, cachant son visage. — Allah!

FABIENNE, livrant la bataille et son âme. — Laisse tranquilles les dieux. Ni les tiens ni le Mien ne peuvent rien pour nous. Les amants ont seulement la vie... et la vie... la vie... ce n'est pas l'orgueil, c'est l'amour... Mon petit, mon petit, pourquoi es-tu parti? Dans ton palais trop lourd, que tu me fais pitié... Comme tu vas être seul... Et quoi pour te consoler de ta femme, de ta seule femme?... Qui? malheureux obstiné?... Celles que j'ai vues l'autre jour, ces ombres vides, fardées, ces cires vivantes, ces parodies de moi... Et même pas... Je leur fais trop d'honneur en me les comparant!... Eh! quoi, tu m'as eue, chaude, violente et douce dans tes bras, tu m'as eue et tu ne me veux plus! Nous nous cherchons, voyons, tu le sais bien... Nous sommes ensemble, toujours! Séparés par les mers, nous sommes ensemble! Séparés par l'orgueil, nous sommes ensemble! Séparés par la race, Fazil, par la race qui est la vraie fatalité, la seule... séparés par elle, nous sommes ensemble! Rien ne nous désunit, quelques efforts que nous fassions! Ne le sens-tu pas? Pourquoi serais-je ici? Et toi, toi, tu pouvais, dans ce palais, te rendre invisible... tu avais fui... et pourtant, il t'a fallu... « Mektoub, comme tu dis, Mektoub »... il t'a fallu te dissimuler, guetter et tendre un piège presque, pour être sûr que j'approcherais... Pauvres prisonniers de nous-mêmes que nous sommes, mon chéri, ma brute méchante, mon petit lévrier éperdu, mon oiseau de proie... fuyard qui m'attendais!

FAZIL, à mi-voix, immobile, le front baissé. — Je ne t'attendais pas.

FABIENNE, liane sur lui. — Mais si, mais si, tu m'attendais!... Mon petit, tu attendais ta femme!

FAZIL, traversé d'un frisson, très vite. — Deux fois déjà, deux fois ce mot a flambé sur ta bouche, brûlé mon oreille, deux fois : « ta femme! » Tu es ma femme, dis-tu?

FABIENNE. — Ingrat! Est-ce que tu ne te rappelles pas? (Il cède brusquement, se jette sur elle dans un transport.) Ah! tu vois bien que tu te rappelles...

Ils sont étreints, ne sont plus qu'un. On entend sur les murs l'appel multiple à la prière du soir.

FAZIL, après s'être dégagé et dans une soudaine grandeur. — Le muezzin! Tu l'entends! Bismi-Allah!... Il appelle à la prière du soir... la quatrième. Tout l'Islam se prosterne, les yeux vers la Mecque...

Il a traversé le patio et tout d'un coup se prosterne.

FABIENNE. — Pourquoi fais-tu cela? Tu sais bien que tu ne crois pas. Et tu as été baptisé!... (Il ne répond pas, prosterné. Angoissée, à elle-même, lente, immobile.) Quel mystère, pourtant, dans ce palais... et dans cet homme ! Quel mystère et quelle simplicité !... Voilà donc mon mari, celui qui dansait si bien à Ciboure... L'homme aux Hispanos... le voilà le front dans la poussière... (Elle appelle.) Fazil...

Il se relève.

FAZIL, gravement, avec une solennité involontaire. — A cette heure même, tous mes guerriers, les esclaves et, dans le coin le plus secret du harem, mes femmes priaient... Toi seule est restée debout... Tu vois bien qu'entre nous il y a un abîme. En vain nous bâtirons le pont et nous voudrons sur lui nous engager. En vain. — L'arche toujours tremble et va s'écrouler. Malheur à nous si nous sommes dessus... Toutes les portes sont ouvertes pour toi. — Va-t'en !

FABIENNE, lentement, d'une voix merveilleuse au moment de sortir. — Au coin de tes lèvres il y a la saveur de ma bouche, Fazil...

FAZIL, à voix basse. — Fabienne...

FABIENNE, même jeu et plus près de lui. — Dans le creux de ton épaule il y a l'odeur de mes cheveux, Fazil...

FAZIL, plus bas. — Fabienne...

FABIENNE, même jeu, et plus chaude et plus soyeuse encore. — Et dans le secret de ton cœur il y a les battements du mien, Fazil...

FAZIL. — Fabienne....

FABIENNE, d'un autre ton. — Et tu veux que je parte ? Adieu donc. Au fond, nous nous sommes revus parce que tu t'étais enfui comme un voleur. Le mot adieu, le mot qui finit, le mot qui coupe n'avait pas été dit. Voici l'heure. Sois obéi. Notre amour mourra, condamné par toi et comme des mains du bourreau. Adieu. (Sifflante.) Je suis libre cette fois, tout à fait libre. Je le dirai à Jean de Béhopé de ta part.

FAZIL, dans un sursaut, heurtant les syllabes comme se froissent les fers des duellistes. — Que Jean de Béhopé quitte le Moghreb, et vite !

FABIENNE, redressée. — Ah çà ! tu ne vas pas le menacer, je suppose. Il est Français, ne l'oublie pas. Tu règnes peut-être dans ta maison, mais pas dehors !

FAZIL, dur. — Ce qu'un homme veut, il le fait...

FABIENNE, riant, avec une nervosité stridente. — Tu es jaloux, ma parole ! Est-ce que je suis jalouse de tes femmes, moi ?... (Subitement, se démasquant.) Mais oui, après tout, j'en suis jalouse... Laquelle, ce soir ?

FAZIL, bref. — Je l'ignore, celle dont c'est le droit...

FABIENNE. — Le droit !... Le droit ! Tu me fais rire... Ce ne serait aucune, si je voulais... Ah ! tu pâlis... L'idée que tout à l'heure tu pourrais me reprendre, m'avoir, me caresser... hein ? cette idée-là te trouble, comme autrefois à Saint-Sébastien, caïd ?... Tu sais qu'elle est belle, Fabienne, et que l'étreindre, c'est quelque chose, la posséder... Hein, cette belle coupe que tu as brisée, c'est autre chose que ces poteries auxquelles tu t'abreuves, homme facile ! Esclave... Si je voulais, — et j'ai envie de le vouloir, — aucune ne compterait, ce soir, aucune, parce que je suis là... Ce serait si bon si, cette nuit, je restais et si demain seulement je te disais adieu !

FAZIL, la regardant, bizarre. — Fais-le.

FABIENNE, sentant sa domination et s'offrant des yeux, des lèvres, du corps. — Au fond, tu le voudrais. Je suis en toi, hein ? Tu m'aimes toujours, tu m'aimes, toi, qui ne m'as jamais dit : je t'aime. — Veux-tu que je reste cette nuit ?

FAZIL, la fixant plus encore, sans intonation nette. — Et ceux qui t'attendent, dehors...

FABIENNE, presque durement. — Ceux-là n'ont rien à dire ; je suis ta femme.

FAZIL, à voix basse, comme une plainte. — Allah !

Il respire profondément. Rentre Hélène de Bereuze.

Scène VIII

LES MÊMES, HELENE, suivie de ZOUROUYA

HÉLÈNE, toujours avec son éclatant sourire et sa moquerie de reine. — Eh bien, je peux revenir ? Vous êtes d'accord ? Tous les deux vivants ? Parfait... Au fond, c'est très parisien !... (Elle descend les marches.) Mon cher, votre château est magnifique. Mais que de détours et de tours ! Dehors, ces murs affreux qui n'en finissent plus ! A l'intérieur, roses, jets d'eau, mosaïques, dentelles de pierre, une féerie. Je vous félicite, c'est très bien.

FABIENNE, ironique et pensive, à mi-voix. — On y vivrait...

HÉLÈNE. — Par exemple, trop de prisons devinées par-ci, par-là... Que de muettes tragédies passées, hein ? C'est très excitant, très Bajazet de Jean Racine. Mais qu'est-ce que je vous dis ? Vous, vous alliez entendre Othello.

FAZIL, avec son sourire triangulaire. — Vous avez toujours beaucoup d'esprit.

HÉLÈNE. — Moins que vous, mon cher ! Non, vraiment. Je ne sais pas maintenant, mais autrefois, vous étiez très drôle ! Je me rappelle un soir, à Deauville, vous m'avez fait tordre. (Un grand silence. Hélène elle-même sent isolément où elles sont. Elle se lève.) Dis donc, Fabienne, il est tard...

Un temps.

FABIENNE, assise, d'une voix simple. — Imagine-toi, Hélène, que j'ai envie de rester...

HÉLÈNE, sursautant. — Comment ? — Tu es folle ?

FABIENNE, souriante. — Pourquoi ? Jusqu'à demain matin... C'est bien mon droit de passer la nuit chez mon mari.

HÉLÈNE, regardant Fazil. — Dites donc, Fazil, elle est tout à fait folle. J'ai bien dit ! C'est vous qui avez eu cette belle idée-là ?

FAZIL, sans intonation aucune. — Non.

FABIENNE, à Fazil. — Tu ne veux pas que je reste ?... Tu sais que je suis toujours très belle.

FAZIL, la fixant. — Te rappelles-tu que je suis parti ?

FABIENNE, amèrement. — Je me le rappelle...

FAZIL, sans intonation toujours. — Il faudra te le rappeler.

HÉLÈNE, allant vers Fabienne, après les avoir tous deux mesurés. — Je crois que tu ferais mieux de venir, tu sais.

FABIENNE. — Pourquoi ?

HÉLÈNE, sérieuse. — Tu n'as rien à faire ici. (Elle se tourne vers lui comme pour lui indiquer ce qu'il doit faire.) Fazil, dites-lui de partir.

FAZIL, immobile, avec un sourire extraordinaire. — Je ne lui dirai plus rien.

HÉLÈNE, nette. — Allons, Fabienne, viens.

FABIENNE, se levant et d'un ton sans réplique. — Non, décidément, je reste. — Tu reviendras me chercher demain. Il faut faire contre mauvaise fortune bon cœur, Fazil...

FAZIL. — Ce n'est pas une mauvaise fortune.

FABIENNE, triomphante et riant. — Ah ! Enfin, il avoue !... Il avoue qu'il a envie d'avoir sa femme auprès de lui, ce soir. Si, demain, il ne me demande pas pardon de sa folie, eh bien, je m'avouerai vaincue.

HÉLÈNE, les regardant. — C'est un combat?

FABIENNE. — Presque... Hein, Fazil?... Regarde-le. Ah! mauvaise tête! (Nette.) Laisse-moi, Hélène...

Un temps.

HÉLÈNE, hochant la tête. — Vous avez de la chance d'avoir une femme pareille! Ce n'est pas moi qui vous aurais pardonné... Enfin... c'est son droit... Au revoir... Vous m'accompagnez?

FAZIL, montrant Zourouya. — Cette femme connaît le chemin.

HÉLÈNE, à mi-voix, à Fabienne, haussant les épaules. — C'est de la folie!

FABIENNE. — Peut-être, mais je l'aime! Je veux le reprendre...

HÉLÈNE. — A ton aise. A demain... (A Fazil.) Au revoir...

FAZIL, s'inclinant, très courtois. — Au revoir.

Elle sort. Un temps long, un très long temps.

Scène IX

FABIENNE, FAZIL

FABIENNE. — Elle me trouve brave.

FAZIL. — Elle a raison.

FABIENNE. — Pourquoi?

FAZIL, montant les marches, lui montrant les portes, dans un ordre subit, presque. — Pars, rejoins-la.

FABIENNE. — Tu y tiens?... Alors, adieu... pour toujours!

FAZIL, avec un spasme étouffé. — Allah!

FABIENNE. — Tu vois bien!... Ah! brute sauvage! Ne te défends pas, tu es si heureux que je sois là!... Tu n'es pas heureux?

FAZIL. — Si...

FABIENNE, rieuse et triomphante. — Tu vois bien! Ah! tu me regretteras, quand je serai partie!

FAZIL, toujours sur les marches. — Non.

FABIENNE. — Comment, non?

FAZIL. — Non. — Tu ne repartiras jamais.

FABIENNE. — Qu'est-ce que tu dis?

HADJ FAZIL. — Jamais...

FABIENNE, criant dans un appel d'instinct. — Hélène!...

HADJ FAZIL, sur les marches. — Personne ne peut plus venir. Personne ne t'entend plus.

FABIENNE, blême. — C'est un guet-apens!

HADJ FAZIL, avec une exaltation retenue. — Un guet-apens? Un guet-apens?... Je suis parti loyalement. Tu es revenue. Tu as rouvert mes plaies. Tu m'as griffé, mordu le cœur jusqu'au sang. Tu as voulu vaincre. Tu as vaincu. — Tu ne m'as jamais entendu dire : « je t'aime »? - Ecoute-moi : « je t'aime... Tu ne ressortiras d'ici jamais! »

FABIENNE, reculant. — Tu es fou!...

HADJ FAZIL, il avance vers elle, doucement, et d'une voix soyeuse. — Je t'aime... je t'aime... je t'aime...

FABIENNE, bouleversée. — Fazil!...

HADJ FAZIL. — Je t'aime!...

Elle est seule, bien seule en face de cet homme sur le visage ardent duquel monte la flamme de l'incendie intérieur.

RIDEAU

ACTE III

Trois mois après. Même décor.

Le soir descend. On entend, venues d'une autre partie de la grande Casbah, des musiques criardes et nostalgiques, aux rythmes d'Orient... parfois comme des cris lointains, des rumeurs de foule... Fazil, étendu, est endormi. Fabienne, assise non loin de lui, songe. Myriem entre, à droite. C'est une petite esclave douce et énigmatique.

Scène première

FAZIL, FABIENNE, MYRIEM

FABIENNE. — Chut!... il dort!... Laisse-le reposer... Que veux-tu, Myriem?

MYRIEM. — C'est au maître que je voulais parler...

FABIENNE. — Et... ce que tu as à lui dire ne me regarde pas?

MYRIEM. — Oh! maîtresse!... Pourquoi? Lui ou toi, c'est la même chose!...

FABIENNE, d'un ton d'ironie songeuse. — La même chose!... Non, ce n'est pas la même chose...

Elle s'éloigne un peu de Fazil.

MYRIEM. — Le caïd ne prend d'autres décisions que les tiennes. C'est toujours selon ton goût qu'il donne des ordres.

FABIENNE, plus pour elle-même que pour Myriem, regardant Fazil, s'asseyant près de lui. — Il dort... Vois son arme, — ce poignard, — auprès de lui!... Je n'aurais qu'à la saisir, là, lentement, comme ceci, et à frapper. Jamais plus il ne s'éveillerait... Et je pourrais fuir!... Crois-tu, Myriem, que je pourrais fuir?

Elle se lève, s'éloigne de son mari.

MYRIEM, à voix étouffée. — Aujourd'hui, tu le pourrais... Il n'y avait pas un seul guerrier derrière les portes... Les eunuques, les concubines sont là-haut.. où personne jamais ne va plus les voir... Et les grandes cours de la casbah sont remplies d'une multitude, campée... Ceux des montagnes sont descendus et c'est une cohue. Tous se croisent, vont, viennent, ceux des tribus vassales, sans se connaître. Certes, aujourd'hui, tu pourrais fuir... et moi avec toi... nous serions vite en sûreté chez les Européens.

Ces derniers mots avec une sorte de fièvre.

FABIENNE, bizarrement. — Autrefois, la Casbah était mieux gardée! Peut-être, lui-même, est-il fatigué d'avoir trop longtemps veillé, de trop longues semaines... Il s'est endormi!... J'ai vécu des jours et des nuits sans jamais le surprendre dans le sommeil....

MYRIEM. — Il n'a plus peur que tu t'en ailles.

FABIENNE, tressaillant. — Qu'est-ce que tu dis?

MYRIEM, pressante. — Est-ce que tu ne veux plus t'enfuir?

FABIENNE. — Chut!... (Elle se rapproche, elle contemple Fazil étendu, et puis elle change de ton.) Dis-moi ce que tu désirais, Myriem?

MYRIEM. — Ce sont les bâtisseurs qui travaillent à la bibliothèque... Ils voulaient parler au maître pour les mosaïques.

FABIENNE. — Est-ce qu'ils ont fini d'ouvrir la porte qui fera communiquer mon appartement et la bibliothèque?

MYRIEM. — Oui...

FABIENNE. — Et les vieilles faïences que je veux faire reproduire, en a-t-on reçu le dessin?

MYRIEM. — Oui. Ils vont vite, les ouvriers. Ceux-là sont nouveaux depuis hier... Dans quelques semaines, tout sera fini...

FABIENNE. — Quelques semaines!... Il y en a bientôt trente...

MYRIEM. — Si tu voulais... (Pressante, à voix basse.) J'ai quelque chose à te dire, très grave...

FABIENNE. — Plus tard...

MYRIEM, même jeu. — Il faut que tu saches tout de suite. Viens...

Elle veut l'entraîner vers les appartements.

Scène II

FABIENNE, FAZIL

FABIENNE. — Tout à l'heure. Va. (Myriem obéit à regret.) Il dort! (Elle est revenue avant de dire ces deux derniers mots. Elle s'est assise auprès de lui, semble se perdre dans une vision. Elle regarde droit devant elle. Fazil a ouvert les yeux, a pris sa main. Fabienne, sursautant, saisie.) Ah!...

FAZIL, toujours étendu, doucement. — Mon petit... C'est toi! (Il se redresse à moitié.) Est-ce qu'il y a longtemps que je dors?

FABIENNE, bizarrement. — Une heure...

FAZIL, se dressant à moitié. — Tu es descendue pendant mon sommeil?

FABIENNE. — Oui.

FAZIL, regardant autour de lui. — Où sont les gardes?

FABIENNE, sans intonation. — Il n'y en a pas.

Fazil, sans répondre, va à longs pas silencieux à droite, ouvre la porte : personne. Il monte les marches, ouvre la lourde porte du fond. Apparaissent les jardins déserts dans le crépuscule. On entend mieux les musiques, les voix bruissantes d'une foule cachée.

FAZIL, à mi-voix. — C'est vrai, il n'y en a pas...

Il redescend.

FABIENNE. — Tu vois...

Fazil s'approche d'elle. Il la saisit dans ses bras.

FAZIL, avec tendresse. — Quoi : tu vois? Qu'est-ce que ça veut dire : tu vois?

FABIENNE, sans se dérober. — Ça ne veut rien dire.

FAZIL, plus tendre encore, insinuant. — Ça ne veut pas dire, qu'ici, tu es heureuse? Contente? Ça ne veut pas dire qu'il n'y a plus aucune raison pour qu'aux portes il y ait des gardiens?

FABIENNE, dans ses bras toujours. — Que t'importe ma pensée? Me la demandes-tu jamais?

FAZIL. — Toujours! Toujours! Un seul de tes caprices est-il en suspens? N'es-tu pas reine dans ta maison?

FABIENNE. Mon règne finira. Je m'en irai.

Un temps.

FAZIL, avec douceur. — Pourquoi? N'as-tu pas accepté?

FABIENNE, s'éloignant un peu. — Non.

FAZIL, la rejoignant. — Naturellement, par tes paroles, mais tes actes...

FABIENNE. — Mes actes?

FAZIL, enveloppant, caressant. — Mon étoile! Ma flamme! T'es-tu refusée à moi... le soir... le soir même où tu es revenue...

FABIENNE, avec un œil d'angle. — Tu m'as prise. Tu sais bien que c'est là ton mot.

FAZIL. — Ne t'occupe pas des mots! Seules nos actions...

FABIENNE. — Les actions des êtres libres!...

FAZIL, souriant. — Mauvaise! Mauvaise qui ne veut pas convenir de nos joies...

Il l'a rejointe, la caresse.

FABIENNE, le regardant. — Alors, tu crois vraiment que je suis vaincue?

FAZIL. — Vaincue? Quel est ce mot? Il n'y a pas combat...

Un petit temps.

FABIENNE. — Est-ce que ce n'est pas aujourd'hui que je dois recevoir cette réponse que j'attends?

FAZIL, soudain atteint dans sa joie. — C'est aujourd'hui?...

FABIENNE. — Alors, c'est peut-être demain que je partirai...

Un temps.

FAZIL, grave. — Si ce malheur m'arrive, si le Sultan, par l'entremise du cadi, t'accorde le divorce...

FABIENNE, le scrutant. — Sois franc. As-tu vraiment transmis ma demande en divorce?

FAZIL, avec une grandeur soudaine et émue. — Je l'ai transmise. Tu n'en doutes pas, je pense? Ne l'avoir pas fait serait indigne d'un homme qui te doit sa protection.

FABIENNE, criant tout bas, lentement. — Je n'aime pas tes mots! Je n'aime pas tes mots!...

FAZIL. — Excuse-les... Je veux dire seulement que c'est ton droit de demander le divorce. J'ai transmis ta demande. J'ai fait savoir ma résistance. Tout à l'heure, Hadj Ismaël, que je connais bien, prince comme moi, mais, de plus, savant du droit arabe, et cadi, et même conseiller du Sultan, viendra nous dire la sentence... (Il sourit d'un air exalté.) Je ne crois pas qu'elle sera contre moi! Jamais je ne t'ai fait un outrage!

FABIENNE, lentement. — Et si elle est contre toi?

FAZIL, dans une grande souffrance. — Alors, je ferai ouvrir toutes les portes. Tu t'en iras pour toujours, librement...

FABIENNE. — Et toi?

FAZIL. — Tu n'aurais plus à t'occuper de moi. Je ne serais plus ton mari.

FABIENNE. — Mais, si je t'aime encore?

FAZIL. — Tu ne m'aimeras plus, puisque tu partiras...

FABIENNE, près de lui. — Sauvage! Je pourrais partir et t'aimer!

FAZIL. — Non!

FABIENNE. — Et si le divorce m'est refusé?

FAZIL, avec une âpre joie. — Alors, tu resteras toujours!

FABIENNE, secouant la tête et le caressant. — Insensé, insensé... (A ce moment, on ferme les portes.) Pourquoi ferme-t-on les portes?

FAZIL. — Je vais te dire... (Il réfléchit une seconde.) Je n'ai aucune raison de ne pas te dire... J'ai reçu une demande d'audience d'anciens amis à moi, des amis d'Europe...

FABIENNE. — Quels amis?

FAZIL. — Bereuze, sa femme et un autre.

FABIENNE, *simple.* — Ah!

FAZIL, *la regardant de plus près.* — Quelle impression as-tu... en entendant leurs noms?

FABIENNE, *d'un ton calme.* — Je n'ai pas d'impression.

FAZIL, *avec une ferveur pour elle.* — Je le crois. Ton âme est en moi... Il n'y a que moi dans ta pensée.

FABIENNE, *le regardant, grave.* — Cela est vrai, Fazil. Et c'est pour cela surtout, c'est pour cela qu'un jour je te quitterai...

FAZIL, *à voix basse, avec une concentration involontaire.* — Ne dis pas cela.

FABIENNE, *grave, sybilline.* — Divorçons toujours, nous verrons après... (*Changeant de ton.*) C'est quand je ne serai plus à toi que tu m'auras peut-être...

FAZIL, *doucement, appuyant la tête de la femme contre son épaule.* — Tais-toi... (*L'entraînant avec précaution.*) Rentre dans ton appartement, veux-tu?

FABIENNE, *tendre et triste.* — Je suis bien obligée de le vouloir.

FAZIL. — Mais non, pas obligée... Ton appartement, c'est le nôtre.

FABIENNE. — Ah! Maladroit! maladroit!... Je n'en sortirais pas, si j'en pouvais sortir...

Elle dit cela presque pour elle-même, avec une espèce de douleur voluptueuse.

FAZIL. — Viens...

Il la conduit vers la porte de son appartement; il la fait entrer, puis il frappe sur un gong. Apparaît Ahmed. Fazil lui fait un signe qui indique d'introduire quelqu'un, puis il sort à son tour. Les barbares musiques enveloppent le patio. Ahmed revient avec Hélène, Jean de Béhopé, Jacques de Bereuze. La porte du fond reste ouverte et c'est un crépuscule bref et rouge sur les jardins.

Scène III

HELENE, JACQUES, JEAN

AHMED, *s'inclinant.* — Le caïd va venir...

Il sort vers les souterrains.

HÉLÈNE, *à Jean, à voix basse et émue.* — C'est bien ici. Voici l'endroit exact où Fabienne était placée, quand elle m'a dit de m'en aller. Je reconnais tout. Rien n'est changé.

JACQUES, *à Jean.* — Tu as bien tout noté? Tu es sûr de retrouver le chemin?

JEAN, *répondant avec l'attitude de dire des choses indifférentes.* — Sûr. Hier, toute la journée, vêtu en Arabe et profitant de la cohue actuellement dans la première enceinte, j'ai parcouru les couloirs. Deux fois je suis venu jusqu'à cette porte. Par celle-ci on arrive, en cinquante mètres, à un petit patio toujours désert dans lequel nous pourrons facilement entrer.

HÉLÈNE. — Autrefois, les femmes s'y tenaient.

JACQUES. — Les femmes? Ça, c'est embêtant!

HÉLÈNE. — Elles n'y viennent plus. (*A Jean.*) On travaille là, maintenant, n'est-ce pas?

JEAN, *d'une intonation qui en dit plus que les mots.* — Oui, il y a les ouvriers.

JACQUES. — J'aime mieux ça! Descendre un ouvrier, au besoin crever un nègre, ça me va! Mais une poule arabe, ou plusieurs, me sautant dessus, en glapissant... Très peu pour moi!

JEAN, *le regardant et parlant à voix basse, cependant que ses gestes jouent l'indifférence.* — Il n'y aura personne. Les ouvriers sont à nous. L'un feindra d'avoir oublié quelque chose et reviendra. Il nous jettera des cordes. Comme nous serons déjà dans les enceintes extérieures, nous arriverons facilement jusqu'à Fabienne..

JACQUES. — Ne m'explique pas, mon vieux. C'est toi la tête. Moi, je suis là pour cogner. Avec nos trois hommes résolus, nous serons cinq. Si je rencontre mon vieux copain Fazil...

JEAN. — En attendant, du calme.

HÉLÈNE, *assise.* — Vous pouvez réussir, mais ce sera dur. Il ne faudra pas perdre de temps.

JEAN, *à Hélène.* — L'important est de prévenir Fabienne. Elle doit l'être déjà par cette petite esclave qui, elle aussi, veut s'enfuir. Nos ouvriers ont pu l'approcher. Mais si vous pouviez parvenir maintenant jusqu'à notre amie...

HÉLÈNE. — Il n'y a qu'un moyen : l'autorisation de Fazil. Espérons.

JACQUES, *entre ses dents.* — Ah! le salaud!...

HÉLÈNE, *gardant une attitude sereine.* — Chut! chut!

JEAN, *vers Jacques.* — La partie est rude! Elle peut être perdue. Il ne faut la jouer qu'à la dernière extrémité et s'il nous refuse vraiment de la rendre

HÉLÈNE. — Il refusera.

JEAN. — Notre devoir est d'essayer. Peut-être aura-t-il une lueur, un retour sur lui-même. Je m'abaisserai jusqu'à l'en supplier.

JACQUES, *indigné.* — On était copains. Il montait mes chevaux!

HÉLÈNE. — C'est un homme qui aime avec les instincts de sa race... Il a consenti à nous recevoir, c'est déjà beaucoup...

JACQUES. — Il croit que nous quittons le Maroc C'est pour cela qu'il nous reçoit... pour s'en convaincre.

JEAN. — Enfin, elle a raison. Il a consenti, c'est beaucoup... La malheureuse! En quel état la trouverons-nous? Je donnerais ma vie de bon cœur pour sa liberté...

Il est bouleversé.

JACQUES, *ému.* — Mon pauvre vieux! Moi aussi, tu le sais, hein? Je blague comme ça, mais je suis Breton.

JEAN. — Je sais...

Ils se serrent la main, brusquement.

HÉLÈNE. — Attention...

Ils se séparent, jouant l'indifférence. Ahmed vient d'entrer.

AHMED, *cérémonieux et saluant.* — Le caïd vient tout de suite.

HÉLÈNE. — Bien... (*Ahmed monte les marches. Il veille au fond, sans les regarder.*) Voyez ce nègre: c'est l'homme de confiance. Si ça ne s'arrange pas, vous le trouverez ce soir sur votre route... à l'une de ces portes..

JACQUES, *à mi-voix.* — Je l'ai repéré. Costaud, mais je m'en charge. Je suis Breton.

HÉLÈNE. — Du calme, hein? Et moi je tente ma chance, tout de suite.

JEAN. — Oui, oui... Puissiez-vous arriver à elle, mon Dieu!

Entre Fazil, d'un trait, comme un lion. Puis il s'arrête et s'avance vers eux, nonchalant, souriant, oblique.

Scène IV

LES MÊMES, FAZIL

FAZIL. — Bonsoir...

JEAN, se maîtrisant bien. — Bonsoir, Fazil.

FAZIL, à Hélène. — Bonsoir... mes hommages...

Elle salue et lui sourit.

FAZIL. — Soyez les bienvenus... Daignez vous asseoir...

HÉLÈNE, dominant son émotion. — Moi pas, si vous le permettez... Oui, Fazil, nous rentrons en Europe. Je voudrais voir Fabienne avant de partir. Je pense que vous ne me refuserez pas...

FAZIL, avec un faux étonnement. — Vous refuser de voir ma femme? Et pourquoi? Si elle consent à vous recevoir...

HÉLÈNE. — Vous pensez bien qu'elle consentira... Alors, c'est oui?

Un temps.

FAZIL, à la petite Arabe qui est sur le pas de la porte. — Conduisez Madame chez ma femme... (A Hélène.) En effet, elle consentirait... et comme je fais toujours ses volontés...

JACQUES. — Ça!

FAZIL, ingénument. — Quoi?... Ça?

JEAN, regardant Jacques. — Nous allons en parler, si tu le veux...

FAZIL, souriant. — Bien volontiers... Allez, Madame, allez... Vous êtes la femme d'un ami loyal. Allez...

HÉLÈNE, très calme, passant devant lui. — Je vous remercie.

Elle entre dans les appartements de Fabienne.

Scène V

LES MÊMES, moins HELENE

FAZIL, de plus en plus souriant. — Alors?

JACQUES, avec une brusque loyauté. — Alors, mon vieux, ça ne peut pas durer. La blague est finie, hein, voyons?

FAZIL. — Comment?

JACQUES, décontenancé. — Parle-lui, Jean... parce que moi, n'est-ce pas?... Ça ne peut pas durer!...

Il remonte vers le fond. Hadj Fazil indique à Jean de s'asseoir, d'un geste poli et souverain.

JEAN, lentement, calculant ses mots. — Ecoute, Fazil... Depuis quatre mois, tous, par toi, nous souffrons le martyre...

FAZIL, assis sur les coussins devant le bassin de mosaïque. — Je vous ai fait quelque chose, moi?

JEAN, cachant mal son émotion. — Ne raille pas! Celle que tu retiens ici, prisonnière, ne m'est rien. Mais, pour elle, je donnerais ma vie, tu le sais...

FAZIL, souriant, interrogatif. — Je ne comprends pas. Pour ma femme? Tu donnerais ta vie pour ma femme?... Qu'es-tu pour elle?

JEAN. — Son défenseur.

FAZIL, même jeu. — C'est drôle!

JACQUES, avec reproche et émotion. — Ne blague pas, mon vieux! On a été élevés ensemble, on a été des amis...

FAZIL. — D'excellents amis...

JEAN, profond, bouleversé. — Ne m'interromps pas, Jacques — Fazil, Fazil, je t'en prie, rends-nous Fabienne... Ne la garde pas!

FAZIL, dans une ironie intense sous l'étonnement simulé. — Que je ne garde pas ma femme? Que je vous la rende? Mais... jamais, jamais, je n'ai entendu dire une chose pareille... même à Paris!... Comment? Vous venez chez moi, je vous reçois, et c'est pour vous entendre me dire de vous donner ma femme? Vous êtes fous.

JACQUES, déconcerté. — C'est monstrueux!

FAZIL, augmentant son sourire. — Mais c'est vrai, c'est monstrueux!

Et, brusquement, il cesse de sourire.

JEAN. — Fazil, il y a quelque chose de cruel, d'inutilement cruel dans ton ironie. Tu sais parfaitement que tu commets, après en avoir délibéré avec toi-même, et lentement, un attentat contre la dignité, contre la vie même d'une femme... Nous n'avons rien pu contre toi. Partout, nous nous sommes heurtés à l'indifférence, à la loi, à la prudence politique! Mais enfin, je t'ai connu, tu étais un bon camarade, un honnête homme... Tu ne peux pas t'obstiner!

FAZIL. — M'obstiner à quoi?

JEAN. — Cette femme va mourir si elle reste ici.

FAZIL, d'un ton soudain plus dur et d'une voix égale. — Dis plutôt que c'est en ne restant pas qu'elle mourrait.

JEAN. — Comment?

JACQUES, se rapprochant. — C'est une menace?

FAZIL, avec une émotion cachée sous la dignité, lent, mâchant les mots. — Aucune menace. Je dis ce qui est. Ma femme est à moi. Elle est à moi jusqu'à son dernier souffle. Si le malheur de ma destinée veut que je lui survive, son dernier souffle, c'est moi qui le recueillerai. De quoi venez-vous me parler? Elle mourra si elle reste? Non. Si elle part, oui. — Berenze, est-ce que, dans ce moment-ci, ta femme tient, à la mienne, des propos pareils aux vôtres?

JACQUES, gêné. — Pas du tout. C'est une question entre hommes.

FAZIL, cachant moins son mépris. — Entre hommes? — Dans votre pays, des hommes viennent trouver un autre homme pour lui parler de sa femme? (A Jean de Réhopé.) Toi, spécialement, de quoi te mêles-tu?

JEAN, angoissé. — Fazil... voyons... Fazil... le cœur se déchire quand on y pense!... Je me rappelle : elle était si heureuse, libre, gâtée par la vie, la fortune, le destin! A présent, tu la séquestres! Elle est esclave, enfin! Elle est esclave!...

Un temps.

FAZIL, d'une voix claire, avec un tranquille sarcasme. — Faut pas être comme ça!

JACQUES, sursautant d'entendre cette phrase, qui fut la sienne, à Paris. — Quoi?

FAZIL, même jeu. — Excuse-moi... J'ai redit une vieille phrase à toi : « Faut pas être comme ça! » Mais non, mais non, vraiment! — Nous sommes des amis, dites-vous? — Soit. Oublions pour une minute, oublions qu'il s'agit de quelqu'un dont personne ici n'a le droit de parler... et dont, moi, jamais, je ne parle... Oublions!... Comment!... Tu es un homme, tu as lutté, combattu, tu t'es mesuré avec la vie et avec les hommes... et, pour une femme, te voilà blême, malade, prêt à toutes les humiliations? — Faut pas être comme ça! — Depuis que je suis parti de votre Europe, j'ai souvent songé à ce que vous faites des femmes et à ce qu'elles font de vous! Une déformation collective, on ne sait quel virus sentimental, depuis des siècles, vous déforment les uns et les autres, femmes et hommes. Vous ne luttez même plus! L'Amour, le vôtre, le vôtre, parodie de l'instinct véritable, — de l'instinct de commander chez l'homme, et chez la femme d'obéir, — l'Amour, comme une vieille maladie mentale héritée des ancêtres, ressort, chez vous, en confusions, en drames, en crises passionnelles, comme vous dites dans vos livres absurdes... Chaque jour vos journaux, vos théâtres, vos tribunaux sont remplis des faits divers de vos passions dégénérées. (Il s'est levé, la voix soudain méprisante et dure.) Pourquoi? Parce que, tous, tous, hommes avec les hommes et virils dans vos cœurs, vous n'êtes pas hommes avec les femmes! Elles règnent, et vous êtes des abdiqués! — Faut pas être comme ça!...

JEAN, lentement, le mesurant du regard. — Tu te dévoiles!

FAZIL, immobile. — Se dévoiler est un crime pour la femme. Ce n'en est pas un pour l'homme.

JEAN. — Et c'est avec de pareilles idées, pour les appliquer, que tu gardes l'une des nôtres. Nous t'écoutons, désarmés, et, à deux pas de nous, il y a ta victime...

FAZIL, hautain. — Quelle victime?... Si j'ouvrais les portes, êtes-vous sûrs qu'elle les franchirait?

JEAN, faisant peser les deux mots. — Ouvre-les.

FAZIL, avec un tressaillement involontaire. — Comment?

JACQUES. — Ouvre-les, il te dit. C'est vrai : ouvre-les. On verra bien.

Un temps.

FAZIL, retrouvant son sourire plus intense. — Faut pas être comme ça.

Il se détourne cependant.

JACQUES. — Tu canes!

FAZIL, revenant sur eux, en plein visage. — Faut pas être comme ça!... Vos femmes, le visage découvert, la bouche offerte, s'en vont par les rues. Les plus chastes d'entre elles, à chaque pas, entendent l'appel inconnu, multiplié, cynique du désir...

JACQUES, dans un haussement d'épaules. — Le désir!...

JEAN. — Les honnêtes femmes de chez nous ne voient pas le désir.

FAZIL. — Elles ne le voient pas, mais le désir les voit.

JACQUES. — La femme n'est pas un objet inerte. Elle sait se défendre.

FAZIL. — Elle n'est pas inerte, en effet. (Avec une grandeur dure et soudaine.) Et, quant à savoir se défendre, il m'est avis que c'est un soin qui regarde l'homme.

JACQUES, décontenancé. — Nous sommes d'accord!

FAZIL, souriant de nouveau. — Je ne l'aurais pas cru. Quand tu es à Aix et que ta femme est à Deauville, si tu veux la défendre, je lui souhaite un danger pas trop immédiat.

JACQUES, furieux. — Dis donc, mon vieux!...

JEAN, qui s'était tu et scrutait Fazil. — Jacques!... Tout cela, toute cette profession de foi n'est rien. C'est un jaloux qui parle, un despote.

FAZIL, dressé, immobile. — Qui dit le contraire?... J'ai l'horreur de vos sentiments d'amoureux occidentaux. Jusqu'à la nausée physique, j'en ai le mépris. Je ne comprends pas la femme errante, libre, par les rues, pendant que l'homme est enfermé, tout le jour, dans des harems qu'il appelle des bureaux d'affaires! Je ne comprends pas l'homme qui, sans l'envie de tout broyer, voit sa femme pendant une danse aux bras d'un autre! Je ne comprends pas l'homme qui, à n'importe quelle seconde du jour, ne peut pas rejoindre sa femme, où il veut, quand il veut, parce qu'il ne sait pas exactement où elle est! Je ne comprends pas! je ne comprends pas!

JACQUES, furieux. — Tu ne comprends rien, alors!

FAZIL, souriant d'un sourire dur. — Non, rien, rien. — Tout me déplaît en vous, jusqu'à vos façons de mentir et de vous humilier quand vous trompez vos femmes! Tromper? Un esclave trompe son maître. Un homme ne trompe pas sa femme. Un homme possède et il n'y a pas de limite à la possession. Voilà.

JEAN, immobile, droit. — Alors... tu continueras à posséder Fabienne?

FAZIL. — Oui...

Et brusquement il leur tourne le dos et remonte vers la porte du fond. Il les attend sur les marches, ne dissimulant pas que l'entretien est terminé.

JEAN, après avoir, d'un regard, maîtrisé Jacques. — Nous avons fait notre devoir... Suis ta conscience... tu es le plus fort... Nous n'avons plus rien à nous dire.

FAZIL, même jeu. — Plus rien... Partez tranquilles en Europe... Je consens à vous le dire : ma femme vivra, et vit, l'existence normale à laquelle elle a droit. Ici, dans ma maison, elle est protégée, respectée, libre. Aucune contrainte à sa pensée. Tous les soins. Toutes les prévenances. Rien ne peut la blesser, pas même un mot.

JACQUES. — La prison modèle.

FAZIL, de haut, lentement. — Pour chaque être vivant, il n'est d'autre prison que les limites de son âme.

JACQUES. — Ce qui veut dire?

FAZIL. — Ce qui veut dire que Fabienne, vivant dans son âme, vit plus au large que toi.

JACQUES, hors de lui. — Dis-moi tout de suite que je suis un abruti!...

FAZIL, souriant, froid, poli. — Tu es mon hôte!

JEAN, dissimulant. — Adieu, Fazil... Nous partons, tu le sais. D'après ta réponse, il est certain que nous ne reverrons plus Fabienne. Veux-tu, de notre part, lui transmettre...

FAZIL, calmement. — Je n'ai rien à lui transmettre de votre part.

MYRIEM, entrant à droite, courbée. — La maîtresse, raccompagnant la dame étrangère, peut-elle venir?...

FAZIL. — Venez, je vous prie. Cette place doit être libre pour ma femme. Nous attendrons Mme de Bereuze dans les jardins. (A Myriem.) Tu conduiras jusqu'à moi la dame qui est avec ta maîtresse... Venez...

Il sort derrière eux. On referme les portes du fond. Myriem court à celle de droite, l'ouvre. Entrent Fabienne et Hélène.

Scène VI

HELENE, FABIENNE, MYRIEM

HÉLÈNE, à Myriem. — Quel air avait ton maître?

MYRIEM, avec terreur. — Dur. Il a refusé.

HÉLÈNE. — Il faut te décider, Fabienne, tout risquer; il le faut. Ce soir, c'est possible. Je t'ai bien expliqué. On ne retrouvera pas deux fois cette chance des ouvriers et de la cohue... C'est oui... n'est-ce pas? Tu seras prête?

MYRIEM, suppliante. — Dis oui, maîtresse.

FABIENNE, regardant Myriem. — Comme tu as envie de partir, toi!

Elle s'assoit.

HÉLÈNE. — Et toi, enfin?...

FABIENNE, vaguement. — Moi aussi... Moi aussi...

HÉLÈNE. — Alors, tu seras prête... Enfin, décide-toi... (Avec une gravité où passe un reproche.) Ils vont risquer leur vie tous les deux, tu sais?...

FABIENNE. — Justement... justement... Il vaudrait mieux attendre...

HÉLÈNE. — Enfin, attendre quoi?

FABIENNE. — J'ai demandé le divorce. Je dois attendre la réponse, ne pas risquer, comme tu dis...

MYRIEM. — Maîtresse, maîtresse, tu n'auras pas le divorce... Le caïd va revenir, hâte-toi...

HÉLÈNE. — Ecoute, tout est prévu. Ils reviendront, eux! Cela, c'est sûr... et tout de suite. A moins que tu refuses.

FABIENNE, torturée. — Je ne refuse pas... Laisse-moi me décider...

HÉLÈNE. — Comment le sauront-ils?

MYRIEM. — Je peux faire un signal. Moi, je le peux. Allumer, par exemple, là-haut, dans la galerie, les lampes rouges...

FABIENNE, acceptant l'idée. — Eh bien, c'est cela... Puisque tu dis qu'ils ont les moyens de pénétrer jusqu'à la petite cour... qu'ils y aillent... qu'ils attendent... et s'ils voient le signal

HÉLÈNE. — Sinon?

FABIENNE, dressée. — Oui... les lampes rouges!... Alors, qu'ils viennent. Je serai décidée à partir... sinon...

MYRIEM. — Les lampes rouges...

FABIENNE, douloureuse. — Sinon... retournez en Europe... et oubliez-moi...

HÉLÈNE. — Insensée! Insensée!

MYRIEM, redescendant. — Le caïd, maîtresse, le caïd...

Entre Fazil.

Scène VII

LES MÊMES, FAZIL

HÉLÈNE, dissimulant, changeant toute son attitude. — Voilà, voilà! Vous veniez me chercher. Vous vous impatientez...

FAZIL, très courtois, mais étrangement impatient sous son air impassible. — Ce n'est pas moi. C'est votre mari...

HÉLÈNE. — Je ne verrai pas Fabienne de longtemps... Mon adieu se prolongeait...

FAZIL, même jeu. — C'est naturel.

HÉLÈNE, à Fabienne. — Alors... au revoir?

FABIENNE, triste... énigmatique. — Au revoir...

Une grande émotion passe sur elles.

HÉLÈNE, se reprenant. — Au revoir, Fazil. Ou adieu, on ne sait jamais.

FAZIL. — Inch' Allah...

HÉLÈNE. — Vous m'accompagnez?

FAZIL. — Non. J'ai quelque chose à dire à Fabienne immédiatement. Excusez-moi... c'est une chose tellement, tellement importante... Votre mari est dans la grande cour, des gardes vous accompagneront jusqu'aux portes... Excusez-moi...

Il est visiblement fébrile, mais cependant préoccupé de courtoisie.

HÉLÈNE. — Je vous excuse. Je suis déjà partie ainsi...

Elle sort.

Scène VIII

FAZIL, FABIENNE

FAZIL, bouleversé sous sa maîtrise. — Fabienne... celui que j'attendais est là... celui qui, à cette minute, tient mon destin et le tien, secrets, dans sa gorge... le cadi Hadj Ismaël... Reçois-le seule. C'est ton droit. Reçois-le. Mais je te demande, en attendant sa réponse, et bien qu'il soit un vieillard et représente le sultan, je te demande de mettre ce voile qui t'appartient... C'est peut-être la dernière fois que je te demande quelque chose...

FABIENNE, prenant le voile. — Souhaite que ce soit la dernière fois!...

FAZIL. — Ce qui veut dire? — Non, non, ne me réponds pas... Ne me réponds pas... (Fabienne s'est voilée sans rien dire, aidée par Myriem. Fazil à Hadj Ismaël qui paraît au fond.) Sois le bienvenu dans ma demeure, Hadj Ismaël el Saadi... Voici ma femme... Parle-lui librement... librement...

Il respire profondément et sort au fond.

Scène IX

HADJ ISMAEL, FABIENNE

HADJ ISMAËL, avec une courtoisie miellée. — Je sais tout l'honneur qui m'est fait en me laissant vous approcher, madame, croyez-le... C'est mon droit de vieillard et de cadi. Par l'étude, j'ai la science; c'est peu de chose. Par les années longues, la sagesse; c'est mieux, c'est beaucoup mieux, et c'est elle surtout que Sa Majesté prise en moi. Ensemble nous avons parlé de vous; votre cas est intéressant.

FABIENNE, sous le voile, immobile, assise. — C'est un cas, en effet, un cas étrange. A Paris, vous auriez peut-être demandé à m'être présenté et je vous aurais reçu dans mon salon en vous prodiguant des sourires. comme aux étrangers de qualité qui nous visitent. Ici, je vous parle derrière un voile.

HADJ ISMAËL, gravement. — La femme de Fazil el Ouargli ne peut nous croire étrangers. Elle appartient au vieux Moghreb comme nous.

FABIENNE, avec une ironie hautaine et courtoise. — C'est beaucoup d'honneur!

HADJ ISMAËL. — Pour nous, certainement, pour nous... Nous l'apprécions... Nous y tenons...

Un petit temps.

FABIENNE. — Que dois-je attendre de la réponse que vous m'apportez? Le divorce?

HADJ ISMAËL, avec des précautions. — Le divorce est chose grave, très grave... Même chez les gens de peu de qualité. Quand j'étais dans le Sud Algérien, — j'ai beaucoup voyagé, — quand j'étais là-bas, une femme avait circonvenu le cadi afin d'obtenir ce qu'elle souhaitait : se séparer de son mari. — Mais ce mari n'avait point de torts. Dans sa maison, l'épouse était bien, très bien. Alors le mari tua le cadi parce qu'il avait rendu une sentence injuste! J'étais présent. Je l'approuvai. Jugez quand il ne s'agit plus de gens menus d'une colonie française, mais d'un grand seigneur et de sa femme!

FABIENNE. — J'attends...

HADJ ISMAËL. — L'enquête n'est pas favorable à votre désir. Votre mari vous aime et vous respecte.

FABIENNE. — Il m'aime et me respecte, c'est vrai.

HADJ ISMAËL. — Vous voyez!

FABIENNE. — Je veux être libre.

HADJ ISMAËL. — C'est difficile! (Un temps.) Quels sont vos griefs, voyons, redites-les?

FABIENNE. — Vous le savez. Je n'en ai qu'un : toujours le même. Je veux sortir.

HADJ ISMAËL. — Sortir?

FABIENNE. — Oui, sortir.

HADJ ISMAËL. — C'est difficile.... La femme qui a un mari n'a pas à sortir. Sa Majesté elle-même ne pourrait guère vous y autoriser. Seul le Calife, qui est à Constantinople et dont le pouvoir spirituel s'étend de l'Extrême-Orient où il est, à l'Extrême-Occident où nous sommes, pourrait vous délier de la loi... Mais il ne le ferait pas!... Félicitez-vous de ne pas sortir, madame. Votre palais est rempli d'enchantements... Vous n'avez point d'enfants, je sais... Allah peut vous bénir encore dans votre descendance... Et, si ce n'est pas dans sa volonté qui est fatale, une autre épouse...

FABIENNE, *dressée soudain.* — Qu'est-ce que vous dites?

HADJ ISMAËL, *très simple.* — Ne m'entendez-vous pas? Je dis que, certes, ici, vous êtes reine absolue d'un palais magnifique, un des plus beaux du Sud et bien connu pour cela. Mais, s'il est encore embelli par l'amour que votre mari a pour vous... peut-être, cependant, peut-on dire que vous y manquez de compagnie. Cela va cesser. Au jour prochain où arrivera ici la seconde épouse de Fazil el Ouargli...

FABIENNE. — Qu'est-ce que vous dites?

Elle déchire son voile, le jette à ses pieds et laisse voir son visage décoloré dont les yeux s'incendient.

HADJ ISMAËL, *avec une grandeur infinie, debout.* — Certes, madame, j'aurais eu le droit de vous voir sans voile, étant le cadi appelé chez vous pour juger. Mais votre mari semble en avoir décidé autrement. Votre geste n'est pas loin d'être grave, il est blâmable. Je vais vous ramasser ce voile.

FABIENNE, *frémissante.* — Ne prenez pas ce soin, je vous en prie. J'ai besoin, au contraire, que vous me voyiez bien. Une seconde épouse, avez-vous dit?

HADJ ISMAËL. — Certes, je l'ai dit.

FABIENNE, *se contenant à peine.* — Il va se marier? il vous a chargé de me l'apprendre?

HADJ ISMAËL. — Il ne m'a pas plus chargé de vous l'apprendre que prié de vous le taire. Qu'y a-t-il en cela qui vous gêne? Ne vouliez-vous pas divorcer?

FABIENNE. — C'est pour cela?

HADJ ISMAËL. — Ce n'est pas pour cela. Mais, pour cela, je m'étonne encore davantage de votre attitude! Le Prophète a interdit à l'épouse de sortir, mais il n'a pas interdit à l'homme d'avoir plusieurs épouses... Pour ce qui est du divorce...

FABIENNE. — Il ne s'agit pas du divorce!

HADJ ISMAËL. — De quoi s'agit il donc? Oh! madame, madame, je vous trouve bien frémissante!...

FABIENNE, *dardant son regard sur lui.* — Trop frémissante, en effet! Veuillez, je vous en prie, me dire...

HADJ ISMAËL. — Bien volontiers. Votre mari, depuis son retour au Moghreb, doit épouser Asmilha, la fille d'un des plus riches caïds de Marrakech. Il n'y a rien là qui puisse vous émouvoir.

FABIENNE, *même jeu.* — Et quand l'épouse-t-il?

HADJ ISMAËL, *souriant, bonhomme.* — Bientôt. La famille de la seconde épouse attendait de savoir ce qu'il adviendrait de votre demande en divorce. Il eût été grave, en effet, qu'il vous fût accordé et qu'ainsi votre mari fût flétri par un arrêt. *(Il la regarde.)* Allah soit béni! Il n'en est rien... Vous aurez une compagne charmante. Fazil ne la connaît pas, mais moi, je la connais... Croyez-moi, madame... tout est bien.

FABIENNE, *secouée de fureur.* — Je ne sais ce qui me retient de vous hurler à la figure tout ce que je pense de vous, de vos habitudes, de vos mœurs, de votre espèce de sadisme...

HADJ ISMAËL, *plus grand encore.* — Madame, je suis le cadi et je suis vieux.

FABIENNE. — Eh bien! moi, je suis jeune, et vous me jugerez à mes actions!

HADJ ISMAËL, *terriblement souriant.* — Allah fasse qu'elles soient sages, madame, très sages!... Vous avez la beauté. Puisqu'il vous a plu de laisser tomber votre voile, laissez-moi vous parler avec admiration. Vous avez la beauté, soyez-en digne! Soyez, vous, la première épouse! Soyez le modèle, l'exemple de celles qui viendront. Croyez-moi. Soyez cela... Votre bonheur m'est précieux, encore plus depuis que je vous ai vue... Je suis autorisé à vous le dire, puisque notre Sire le Sultan s'est occupé de votre cas. Si, par une erreur que je ne veux pas prévoir, il advenait que vous manquiez trop gravement à vos obligations... il est, non loin d'ici, dans un lieu retiré, il est un couvent sans fleurs ni mosaïques où les maris ont droit d'emprisonner leurs femmes... Qu'Allah vous inspire, madame! Croyez la science et la sagesse! Soyez heureuse selon nos lois. Elles ont subi l'épreuve du temps. Elles sont de bonnes lois, des lois justes... justes pour l'homme et pour la femme... *(Entre Fazil, le visage sculpté d'angoisse.)* J'ai apporté la sentence, Fazil. Tu avais raison de croire en la sagesse du Sultan. Garde ta femme, bon époux, mais garde-la bien. C'est une jeune lionne, encore que le désert ne soit pas son berceau.

FAZIL, *immobile.* — Je la garderai, selon la loi.

HADJ ISMAËL. — Allah te protège! Je t'attends à Marrakech d'ici peu.

FAZIL. — J'irai.

HADJ ISMAËL. — Je te laisse au bonheur. Ne m'accompagne pas... Je sais les chemins de ta maison. J'y ai vu ton père enfant quand j'y venais voir ton aïeul. Reste, reste, tes guerriers m'accompagneront.

Il a monté les marches. Il s'incline vers Fabienne et sort lentement.

Scène X

FAZIL, FABIENNE

FAZIL, *secoué d'une sorte de délire de joie, criant presque en s'avançant vers elle.* — A moi! Bien à moi! Ah! ma femme! ma femme... parle... que veux-tu?... Quels jeux inventerais-je pour te plaire? Quelles fêtes incessantes donnerais-je pour toi! Féerie de mon cœur, source de mon esprit! *(Et soudain il s'aperçoit que Fabienne est dévoilée, le voile apparaît à ses pieds. Sa joie délirante s'arrête nette, cassée. Son visage change, devient douloureux. Sa voix s'altère.)* Fabienne! *(Il ramasse le voile.)* Pourquoi? Pourquoi ce voile déchiré? Et quoi, l'arrêt qui te laisse à moi t'a-t-il fait tant de mal? Une aile morte ne serait pas plus lugubre dans mes mains que ce voile! Fabienne bien-aimée, avec quels yeux funéraires tu me regardes?...

FABIENNE, *au comble d'elle-même et dans un frémissement grandissant.* — Ainsi, jeune, belle, aimée de tous et libre, libre, je t'ai aimé, désiré, choisi; ainsi, pour toi j'ai méprisé les meilleurs cœurs animés par les meilleurs sangs, ceux de mon pays, de ma race, les miens; ainsi, dans ma frénésie de t'aimer, j'ai fait le vide autour de moi. Tu m'as quittée! Tu m'as quittée! Un soir, comme un voleur, sans me prévenir, pour rien, tu es parti! Tu m'as fait cet affront, cette douleur, ce cadeau! Et je t'aimais! Comme je t'aimais! Ainsi, sans le vouloir, à mon insu, d'instinct, toujours à toi, je t'ai suivi, cherché, retrouvé... Et tu m'as enfermée! Dans la même maison où, comme on a une meute, tu avais eu tes maîtresses, tu m'as retenue! Tu as fermé sur moi toutes les portes! Et je t'ai aimé. Tu m'as voulue, je me suis donnée. J'ai partagé ta vie. Peu à peu, je l'ai acceptée, sans te le dire et sans me le dire à moi-même. Jamais une femme n'a fourni d'elle-même tant de preuves, tant de révélations! Et aujourd'hui, aujourd'hui où le divorce m'est refusé, aujourd'hui où je reste sans armes devant toi, et seule, tu me trahis!

FAZIL, dans une ardente protestation, la regardant, sans la comprendre. — Je te trahis! Moi? Le ciel m'est témoin que jamais il n'y eut dans un cœur plus de sincérité! Pourquoi me parles-tu ainsi? Je t'expliquerai, si tu le veux, toutes mes actions! Aucune n'est vile! Aucune n'est basse!

FABIENNE. — Aucune?

FAZIL. — Aucune!

Un temps.

FABIENNE, frémissante. — Lorsque je suis venue, des esclaves t'entouraient, mais des esclaves, rien de plus, des femmes achetées, quelque chose comme des courtisanes à domicile. Elle animaient ta solitude. J'étais absente, mais j'étais seule en toi, seule.

FAZIL. — Eh bien?

FABIENNE. — Elles ont disparu, elles sont là-haut dans un coin, n'importe où. Demain, si je le veux, elles s'éparpilleront... Tu les enverras à Marrakech, dans la montagne, ailleurs.

FAZIL. — Eh bien?

FABIENNE. — Et tu vas te marier? Tu vas te marier une seconde fois?

FAZIL, sincèrement. — C'est là ton grief? La loi qui me régit me permet d'avoir légitimement...

FABIENNE, à voix basse, presque chancelante. — Misérable! Je ne peux pas dire autre chose... C'est pour cela... c'est pour cela que tu m'as gardée?

FAZIL, avec une sorte de lassitude et de douleur. — N'arriverons-nous jamais à nous comprendre? Ce n'est pas de moi que tu es prisonnière! — C'est du mensonge dans lequel toi, comme toutes tes sœurs, comme ta mère, tu as été élevée... Je ne te fais aucun outrage en me mariant une seconde fois. Je ne connais pas celle que je vais épouser. J'honore sa famille. Je la sais digne de moi. Elle aura sa place dans ma maison. S'il te plaît de ne jamais la voir, tu ne la verras pas. Aucun des sentiments que j'ai pour toi n'est atteint ou diminué!

FABIENNE. — Il est sincère! Il est sincère!... Ecoute, voici l'heure de parler, de tout dire... Jusqu'ici je t'ai tout pardonné. Une tendresse vraiment miraculeuse m'a fait tout supporter, tout. Mais cela je ne le supporterai pas. J'accepte, vois-tu, j'accepte de vivre ici avec toi, pour toi, — seuls. Je ne me cache plus : je t'aime... oui, je t'aime de toutes les forces de ma vie. Toi présent, il ne me manque rien.

FAZIL, dans un transport, la saisissant. — Oh! bénie, bénie soit ta bouche d'où sortent ces paroles! Les plus belles qu'une femme ait jamais dites! O lèvres, lèvres chéries!... (Il cherche le baiser.)

FABIENNE, à un souffle de lui, mais dans ses bras. — Alors... ce mariage... Ce second mariage, ce monstrueux mariage, il ne se fera pas...

FAZIL, d'une voix étouffée, avec un reproche. — Fabienne...

FABIENNE. — Il ne se fera pas? (Il se tait. Fabienne s'arrachant de lui et titubant presque.) Ah! Ah! L'insensé! L'insensé! Me faire cela, cet affront, quand j'allais pour la vie m'abandonner! Me faire cela...

Elle se laisse tomber sur le divan.

FAZIL. — Je ne peux pas ne pas le faire. Je l'ai promis. Mais ne l'aurais-je pas promis que tu aurais tort d'y voir un outrage... C'est le malentendu. Tu es femme et je suis homme. J'agis en homme. Ceux dont je viens, toujours, pendant des générations, ont agi ainsi. Les fils qui me naîtront de mon épouse arabe seront les héritiers de son père, du mien. Ce mariage est si simple et résolu avant ton retour! — (Il se penche davantage vers elle, profond, sincère.) Tu me fais beaucoup de peine. Que puis-je contre une douleur créée par ton cerveau? Une douleur imaginaire...

FABIENNE. — Imaginaire!

FAZIL. — Je t'aime, tu le sais bien! Tu es belle, tu le sais bien! Je suis heureux, tu le sais bien!

FABIENNE, dans ses bras. — Alors!... Alors!... Alors!... Quand tu es dans mes bras, que te manque-t-il? As-tu jamais senti ma lassitude? Je te le dis, tu me rends heureuse!... Mais un homme, un homme de mon pays, auquel je dirais tout cela, comme je verrais de la fierté dans ses yeux, de la reconnaissance!

FAZIL. — Mais il y en a dans les miens, mais que faire pour l'exprimer mieux!

FABIENNE, se raccrochant à lui. — Alors, chéri, alors, dans notre grand palais, restons seuls, restons tous les deux... Tu ne veux plus me faire de peine, voyons... Je suis à toi tout entière. Mais tu ne comprends donc pas. Enfin toi, toi, tu es jaloux... si moi je faisais cela...

FAZIL, se décrochant d'elle. — Toi?

FABIENNE. — Oui, moi.

FAZIL, avec une dureté involontaire, fugitive. — Fabienne!

FABIENNE. — Ah! Fazil... Fazil... (Lentement.) Et tu m'aimes.

FAZIL. — Oui... (Il l'attire à lui, grave, tendre.) Ne souffre pas... Tu es belle! Tu seras toujours la première dans mon cœur!...

FABIENNE, désespérée. — La première! (Elle le regarde et répète avec une fureur infinie.) La première! (Il baise sa bouche doucement.) Il fait nuit. Il fait trop nuit, ne trouves-tu pas, Fazil? L'ombre augmente la solitude et nous nous parlons sans nous voir... Appelle quelqu'un, veux-tu? Appelle un serviteur...

FAZIL. — Pourquoi?

FABIENNE. — Appelle. Je veux de la lumière, là-haut... (Le patio est bleu de lune, avec de grandes ombres. Fazil frappe un gong. Entre Ahmed.) Ahmed, va trouver Myriem, dis-lui d'allumer les lampes de la galerie, les lampes rouges...

FAZIL. — Veux-tu que nous montions?

FABIENNE. — Non... Viens près de moi, Fazil, viens. Etendons-nous là doucement, l'un près de l'autre, pendant que je suis encore ta seule épouse...

FAZIL, obéissant. — Ta voix est changée. Je retrouve la source... Que s'est-il passé en toi depuis une minute?...

FABIENNE. — Rien, Fazil, rien... J'ai compris le

destin et je m'y abandonne. Viens plus près de moi. Mets ta tête sur mon épaule. Evoquons toute la vie... Te rappelles-tu Saint-Sébastien, notre première nuit? Te rappelles-tu Paris?... Te rappelles-tu toutes les étapes de notre amour?

FAZIL, à ses pieds. — Je me rappelle tout. Mais quoi se rappeler?... Rien fut-il plus beau, jamais, que la minute présente?... Il semble tout d'un coup que tu aies tout compris... Tout à l'heure irritée, ta voix est douce, pâlie, lumineuse... (Alors on entend bien les chants qui viennent des cours extérieures.) ... Au dehors dansent ceux de mes tribus. Demain ils repartiront vers la montagne. Sans le savoir ils auront frôlé notre grand bonheur, notre amour enfermé... ta soudaine sagesse...

FABIENNE, sans intonation. — Voici que les lampes s'allument là-haut, les lampes rouges... Regarde-les, Fazil, les lampes rouges... rouges comme l'aurore et comme le sang... rouges comme les signaux qui là-bas en Europe indiquent le danger...

FAZIL. — Pense à l'amour...

FABIENNE, penchée sur lui. — Je pense à l'amour... Je ne connais que lui... Il a ton visage, il n'a que ton visage... Comment vas-tu le reconnaître, toi, quand tu le regarderas avec ces traits nouveaux?

FAZIL, câlin. — Tu y reviens, Fabienne!...

FABIENNE. — Ecoute... est-ce que tu n'entends rien?

FAZIL. — Que veux-tu que j'entende?...

FABIENNE. — Mon cœur! Là, sur ton oreille, entends comme il bat, régulier, largement, librement... Alors, mon chéri, mon amour, alors tu partiras bientôt pour Marrakech?

FAZIL. — Oui, oui, bientôt. Pour revenir plus vite...

Fabienne retient entre ses mains la tête de l'homme. Tout son être semble attendre et elle comprend qu'ils sont là, ceux qui viennent la délivrer.

FABIENNE, lentement. — Au bout de sept jours! Lâche! Lâche!...

Elle lui siffle ces mots aux oreilles, penchée sur lui.

FAZIL, se dégageant, sans mouvement brusque. — Qu'est-ce que tu dis?

FABIENNE, dressée. — Je dis que voici l'heure! Que je m'en vais! Que tu m'as perdue et que je me retrouve! Je dis que tu peux aller à Marrakech épouser qui tu veux et n'en jamais revenir! Je dis que je te hais et que tu es le dernier des vivants, un traître né... Ne fais pas un pas, je te tue...

Il va de son pas souple à la porte de droite.

FAZIL, sans crier. — Ahmed...

Il ouvre la porte. Ahmed roule à ses pieds inanimé. Fazil recule avec stupeur. Par la première porte entrent en même temps Jacques et deux hommes. Ils traversent le patio d'un trait pendant que Jean et un autre homme pénètrent par la porte que gardait Ahmed. Fazil recule. Les deux hommes qui sont avec Jacques le saisissent.

FABIENNE, stridente. — Bien joué, hein? Personne! Personne! Toutes tes tribus, elles sont là... Et tu es seul! Seul comme un homme qui n'a qu'une femme!

JEAN. — Pas de paroles! Vite! Vite!

FABIENNE, dans un mélange de fureur et de désespoir. — Oh! non! non! Laisse-moi lui dire... Les lampes rouges! Les lampes rouges! Elles leur ont crié: « Venez, entrez, accourez, tirez-moi des mains de ça, de cet homme à femmes, de cet homme à quatre femmes! De ce seigneur d'autrefois... de cet imbécile qui m'avait, qui m'avait tout entière et à qui ça n'a pas suffi! » (Elle sanglote de rage et d'amour.) Adieu! Adieu! Je vais en Europe! Et en Europe j'aurai un homme à moi, à moi seule! Adieu!...

Fazil fait un mouvement terrible pour se dégager.

JEAN. — Liez-le surtout, liez-le...

Fazil bondit, échappe aux hommes, va se précipiter, toujours muet. Alors Jacques, d'un formidable coup, l'atteint à la mâchoire. Fazil tombe en arrière, du haut des marches. Sa tête heurte la margelle du jet d'eau. Il semble mort...

FABIENNE, dans un cri d'angoisse. — Ah!... Ah! malheureux, malheureux! Qu'est-ce que tu as fait?... Du secours, du secours... vite!... Fazil...

Elle se jette sur Fazil. Du sang paraît sur sa main quand elle a touché la tête du vaincu.

JEAN. — Ah! ça... elle est folle! Allons, malheureuse, allons... Il y va de notre vie à tous...

Il la saisit, l'entraîne vers la petite porte.

FABIENNE. — Mais il est mort... il est mort!...

JEAN, sans répondre. — Allons, par là... Vous, fermez les portes!

Les autres referment la grande porte du fond.

FABIENNE, sanglotant. — Fazil... Fazil... Fazil!...

Ils l'entraînent. Dans le patio désert, éclairé par la lune et les lampes rouges de la galerie, il n'y a plus, près de l'insensible jet d'eau, que le corps inanimé de Fazil et la dépouille d'Ahmed. Des cours extérieures continuent d'arriver des bribes de chant et de musique barbare.

RIDEAU

ACTE IV

Un salon dans la villa de Jean de Béhopé, à Biarritz. Larges ouvertures sur la mer et le jardin. Nuit limpide. Sérénité. Élégance hautaine.

Scène première

FABIENNE, JEAN DE BEHOPE
JACQUES DE BEREUZE, MYRIEM
GEORGES D'AIGREGORCH, puis HELENE

JACQUES, au piano, ayant près de lui Myriem, en Européenne. — Allons... allons... continue...

Il chante et joue.

Trois petits poulets de grain
Sont tombés dans ma marmite...
Trois petits poulets de grain
Y sont tombés ce matin...

A toi. Et fais attention, hein! C'est inédit, ça! C'est de moi.

MYRIEM, chantant pendant qu'il joue.

On les mangera demain,
Mais il faut les cuire vite.

GEORGES D'AIGREGORCH, près d'eux.

On les mangera demain,
Avec de l'ail et du thym...

JACQUES

Bravo!

Le curé du patelin,
Il voudrait bien qu'on l'invite...

MYRIEM

Le curé du patelin,
Mais qu'il apporte son vin...

JACQUES

Mais qu'il apporte son vin!

Il continue.

S'il n'apporte pas son vin,
Il boira son eau bénite...

MYRIEM, quittant le piano. — Oh! non! Oh! non! ça, jamais!

JACQUES. — Comment, ça, jamais?

MYRIEM, cocasse et digne dans sa belle robe. — Non! Eau bénite? Blasphème! Je suis catholique! Blasphème! Eau bénite!

GEORGES, riant. — Mais c'est vrai! c'est vrai! Monsieur de Bereuze, vous n'avez oublié que ça!

JACQUES, rieur. — Je suis catholique! Non, mais écoutez-la! Avec sa jolie petite tête de pipe qui vient du bureau de sabbat!

FABIENNE, assise de l'autre côté du hall. — Jacques! Voyons! Jacques!...

JEAN, empressé autour d'elle. — Ils t'ennuient?

FABIENNE. — Non.

JACQUES, à Myriem, lui tirant l'oreille. — Alors, tu crois ça, que tu es catholique?

MYRIEM, fière. — Parfaitement. Il y a trois mois. Baptisée!

JACQUES. — Tu ne vas pas apprendre ça à ton parrain! Baptisée, oui, mais depuis? Qui est-ce qui flirte avec le jeune d'Aigregorch ici présent? Qui?

MYRIEM. — Moi!

JACQUES. — Oui, toi... Et qui est-ce qui, pour le faire souffrir, a dansé tantôt, de cinq à sept, avec Jacques de Bardac?

MYRIEM. — Il n'a pas souffert. C'est un Européen.

GEORGES, gaiement. — Voilà! Voilà le prix de nos leçons! Les Européens, ça ne souffre pas, petite malheureuse?

MYRIEM. — Pas de ça!

GEORGES. — Eh bien! c'est ce qui te trompe! Les Européens, ça souffre comme tout le monde!

MYRIEM. — Je ne te crois pas. Les Européens adorent les femmes!

GEORGES. — Et alors?

MYRIEM. — Et alors, puisqu'ils les adorent, ils ne les aiment pas!

JACQUES. — Vieux philosophe, va! Ah! Fabienne, on voit qu'elle est passée par vos mains! Alors, tiens, chantons une autre chanson...

Il chante au piano.

Plaisir d'amour ne dure qu'un instant...
Chagrin d'amour dure toute la vie...

HÉLÈNE, elle entre, venant du jardin, et s'adresse à son mari. — Qu'est-ce que tu fais, toi?

JACQUES. — Je fais l'éducation de Myriem.

GEORGES. — Et quelle éducation! Je vous assure qu'il la prépare de main de maître!

HÉLÈNE. — A quoi?

GEORGES, tout à trac. — A se foutre de nous!... Tout simplement!...

JACQUES. — Eh bien, dis donc, toi, gamin! Ne le crois pas!

HÉLÈNE. — Je ne le crois pas! Tu es incapable de ça!

JACQUES, toujours au piano. — Je suis Breton...

HÉLÈNE, près de Fabienne. — Comment ça va, Fabienne?

FABIENNE. — Pas très bien.

HÉLÈNE. — Méchante!

JEAN. — Elle est nerveuse, angoissée. Nous avons eu tort de venir à Biarritz, trop près de la mer...

HÉLÈNE. — Mais non. Il faut la distraire. Vous entendez? On danse à côté. C'est chez vous?

GEORGES. — Chez papa, oui.

HÉLÈNE. — Il faut y aller. Si, si, Fabienne, il le faut...

FABIENNE. — Pourquoi faut-il?

GEORGES. — Mais parce que vous l'avez promis...

MYRIEM. — Oh! oui. Oh! oui.

FABIENNE. — Je n'en ai pas envie, ce soir...

GEORGES. — Et Myriem?

FABIENNE. — Myriem peut y aller.

MYRIEM, courant à elle et l'embrassant. — Oh! non. Oh! non... Grande amie... pas sans toi.

GEORGES, moqueur. — Ça alors! Oh! oui... Oh! oui... Oh! non... Oh! non...

JEAN, à Fabienne. — Je dois y rencontrer Stewill qui part demain pour Buenos-Ayres. Nous traitons une grosse affaire ensemble. Il faut, moi, que j'y aille, ne serait-ce qu'un instant.

HÉLÈNE. — Tu vois...

JACQUES, se levant. — Mes enfants, j'ai une idée.

HÉLÈNE. — Ça m'étonne, ça!

JACQUES, riant. — Une toute petite idée, grande comme ça... On va chez les d'Aigregorch une demi-heure. Je ne suis pas comme Hélène, moi, je trouve qu'on s'y barbe!

GEORGES. — Merci pour papa.

JACQUES. — Tu m'excuses, hein? On y va une demi-heure... Et puis, avec l'auto, on file à Ciboure, souper. Le jour, c'est moche. Mais la nuit, ça fait la blague... Et les nègres jouent du violon comme personne.

HÉLÈNE. — J'adopte. Mais je te préviens, chéri, à Ciboure, j'ai un flirt.

JACQUES. — Tu vois... tu vois que je suis un mari modèle.

FABIENNE, se levant. — Eh bien, j'irai à Ciboure avec vous!

GEORGES. — Chic! J'irai aussi.

MYRIEM, avec une importance comique. — Je ne sais pas si je dois le permettre...

GEORGES. — Comment?

MYRIEM. — Je ne sais pas si je dois le permettre... Enfin, je suis bonne, tu pourras venir!

GEORGES. — Merci bien!

JEAN. — Où vas-tu?

FABIENNE. — Je reviens. Je suis un peu lasse. J'ai des sels, là-haut.

JEAN. — Veux-tu que j'y aille?

FABIENNE. — Non, non, reste... Myriem me suffit... Viens, Myriem!

GEORGES, à Myriem. — Alors... à Ciboure?

MYRIEM, parodiant les coquettes. — Peut-être... peut-être... Je ne sais pas... Je verrai...

Elle sort avec Fabienne vers les appartements.

Scène II

LES MÊMES, moins FABIENNE et MYRIEM

GEORGES, gaiement. — Je ne sais pas... je verrai... Ah! l'éducation porte ses fruits!

JACQUES. — L'Europe, mon vieux, l'Europe!

Un petit temps.

HÉLÈNE, à Jean. — Fabienne ne va pas, hein?

JEAN, préoccupé. — Pas bien... pas bien...

HÉLÈNE. — Il faut attendre, attendre encore... ça passera.

JACQUES, serrant les poings. — C'est cette brute qui l'a détraquée pour la vie! (Entre les dents.) Ah! le salaud!

GEORGES. — Pour sûr... Je ne le connais pas. Mais j'espère qu'il a eu son compte, près de son jet d'eau.

JACQUES. — C'est probable.

Il remime, mais à peine, le coup qu'il a porté à Fazil.

GEORGES. — C'est certain. Vous en auriez entendu parler.

HÉLÈNE, hochant la tête. — Ce n'est pas sûr!

JACQUES, à Hélène. — Tu n'étais pas là, toi. Mais je t'assure que je l'ai bien touché. Un coup heureux. Je le vois encore sur les dalles, la tête fendue comme une groseille. Ça me fait du bien d'en parler, pendant qu'elle n'est pas là!...

GEORGES. — Vous avez eu de la veine de vous en sortir.

HÉLÈNE. — A qui le dites-vous? (A Jacques.) Au fond, j'ai été chic, moi, ce soir-là! Tout ménage moderne qu'on soit, je t'aime bien, tu sais. Et je n'ai pas hésité à te laisser aller.

JACQUES, allant vers elle. — Il y a le devoir, mon petit, hein?

JEAN, grave. — Vous avez été très bien, Hélène, je le sais. Et croyez-moi, entre nous, maintenant...

GEORGES, se passionnant pour l'aventure qu'ils ont vécue. — Quelle nuit!... Souvent j'y pense! Ce que j'aurais aimé être avec vous! Ce départ en auto, armés, prêts à la défense...

HÉLÈNE. — Oh! sortis du palais de Fazil, on ne risquait plus guère.

JEAN. — C'est vrai. Le bureau de renseignements gagné, parmi les Français, on était à l'abri. Les autorités, par sagesse, n'avaient pu intervenir! Elle était chez son mari et il y avait la loi musulmane, mais une fois dehors, on ne l'aurait pas rendue.

GEORGES. — Ce qui m'étonne, c'est ce silence.

HÉLÈNE, préoccupée. — Moi aussi. Aucune nouvelle, rien. Il aurait pu réagir, tâcher, avec des cavaliers, de nous rejoindre entre Fez et Rabat. Mais rien!

JEAN. — Nous avions une escorte!

JACQUES. — Ah! ouitche! l'escorte! Non... Il était amoché, incapable de rien, je te dis...

JEAN. — Oui. Et puis, ne l'oubliez pas : c'est un grand seigneur. Sur leurs champs de bataille, quand ils sont blessés, on les laisse mourir par respect. Personne, aucun médecin, n'oserait les toucher.

JACQUES. — Il est au paradis d'Allah! Vingt contre un!

HÉLÈNE. — En attendant... ce qu'il faudrait, c'est qu'elle se remît!... Déjà six mois et toujours malade.

GEORGES. — Il faut la distraire!

JEAN. — Je m'y efforce, mon petit... je m'y efforce... ce n'est pas commode!

HÉLÈNE, prévenant que Fabienne revient. — Chut! chut!

Scène III

LES MÊMES, FABIENNE, MYRIEM

FABIENNE, entrant. — De quoi parliez-vous?

JEAN, gêné. — Nous parlions de Ciboure. Je disais que nulle part on ne danse mieux.

FABIENNE, qui n'est pas dupe. — Quels enragés danseurs!... C'est de ça, vraiment, que vous parliez?

JEAN. — De quoi veux-tu?

GEORGES, pour dire quelque chose. — Vous n'aimez pas la danse, madame?

HÉLÈNE, avec une feinte gaieté. — Elle? Allons donc!

JACQUES. — La Java? Vous vous rappelez, Fabienne?

MYRIEM. — La Java? Qu'est-ce que c'est?

JACQUES. — Tu veux tout savoir, alors? Et puis, pourquoi ne le sais-tu pas, d'abord? Qu'est-ce qu'on t'a appris à Fez la Sainte? Tiens, écoute... C'est beau, hein?

MYRIEM. — Peuh!...

JACQUES. — Quoi? Peuh!... Vieille blasée, va!...

Ils sont tous remontés vers la terrasse.

Scène IV

FABIENNE, JEAN

JEAN. — Je suis content que nous sortions ce soir, bien content. La nuit est belle. Entre les Pyrénées et la mer, sous la lune, la route est bleue.

souple... J'aime beaucoup. Une heure là-bas te fera du bien.

FABIENNE. — Peut-être.

JEAN. — Quoi, peut-être?

FABIENNE, *avec son sourire contraint.* — Rien n'est sûr.

JEAN. — Rien n'est sûr? Si. Il est sûr, par exemple, que tu devrais te secouer un peu. J'entends que tu as les nerfs malades, épuisés, et il y a de quoi! Mais enfin, il faut réagir.

FABIENNE. — Je ne sais pas ce que tu veux dire. Je n'ai à réagir contre rien du tout.

JEAN, *un peu douloureux.* — L'amour n'est pas aveugle, tu sais? Sur toi, je vois l'empreinte, toujours. Allons, Fabienne, allons, chérie. Balayons tout ça. Ne nous attardons pas au cauchemar et surtout, oh! surtout, dis ce que tu veux. Retourner à Paris? Voyager? Parle. Je suis à tes ordres.

FABIENNE. — Nous sommes très bien ici. Non, ne t'inquiète pas, Jean, cela passera...

JEAN, *tristement.* — Ce n'est pas encore passé?

FABIENNE. — Mais si, Jean, mais si. Ces jours-ci, j'étais très bien.

JEAN. — Je l'ai remarqué, sois-en sûre. Alors?

FABIENNE. — Alors, ça va revenir. Toute la journée, j'ai été nerveuse sans savoir pourquoi, comme hantée! C'est bête, mais ce n'est rien. Tout à l'heure, en dansant, cela se dissipera.

JEAN. — J'en serai bien heureux. Si tu savais, Fabienne, quel rare sentiment, dévoué, sincère, m'anime pour toi.

FABIENNE. — Je sais! Pauvre Jean!

JEAN. — Quoi? Pauvre Jean? Je ne suis pas à plaindre. Je n'espérais plus t'avoir à moi, et je t'ai! Mon bonheur a été payé d'avance. D'autres, presque tous, le sont... après! Chère, chère Fabienne! Ah! si tu m'avais accepté le premier! Je t'aimais tellement!... Enfin... c'est le passé! *(Avec une espèce de dureté, serrant le poing.)* Et il est mort! *(Une douleur passe sur le visage de Fabienne. Jean, se levant.)* Tu ne viens pas, décidément, chez les d'Aigregorch?

FABIENNE. — Non. Ça m'ennuie. Mais j'irai à Ciboure.

JEAN, *avec un sourire de bonté loyale.* — Tu es gentille. Moi, j'y vais pour parler à Stewill. J'y vais et je reviens vite...

Il s'incline et baise la main avec une tendre passion.

JACQUES, *revenant vers eux.* — Je suis content. J'aime vous regarder! Tu vois, mon vieux Jean, hein?... Tu l'as, notre Fabienne!

HÉLÈNE, *de loin, rieuse.* — Jacques, tu es un type épatant... Si, si, épatant... Tu es un peu bête, mais tu as du cœur!

JACQUES. — Je suis un peu bête? Ecoutez-la! Je suis un peu bête? *(Il la prend, en jouant, dans ses bras.)* Je suis un peu bête?

HÉLÈNE, *riant.* — Non! Tu es très intelligent!

JACQUES, *triomphant.* — Ah! ah! Je ne lui fais pas dire! Tu entends, Fabienne? Je suis très intelligent! Je vais télégraphier ça à mon père! Ça lui fera plaisir... et ça l'étonnera!

HÉLÈNE, *riant.* — Quel type! Ah! j'ai un mari bien simple...

JACQUES, *même jeu.* — C'est ce qu'il faut. C'est reposant et ça te rend jolie...

JEAN. — Allons, allons, enfants que vous êtes! A tout à l'heure, chérie!

Fabienne lui sourit. Il sort derrière ses amis.

GEORGES. — Et toi, petit flirt?

MYRIEM, *avec importance.* — Moi, je reste ici. A tout à l'heure.

GEORGES. — Allons, il faut obéir... A tout à l'heure... tyran!

Scène V

FABIENNE, MYRIEM

MYRIEM. — A tout à l'heure... *(Elle l'accompagne jusqu'à la porte. Maintenant qu'elle n'est plus regardée, Fabienne se lève, lente et triste. Son visage exprime une lassitude infinie Myriem revient vers elle, courante et joyeuse.)* Oh! grande amie! comme la vie est belle!

FABIENNE, *mélancolique.* — Si belle que ça?

MYRIEM. — Bien plus encore. Quand je pense que je te dois d'avoir vu tant de choses! Tu es si bonne de m'avoir sortie de ma prison... Quelquefois j'y repense... et je suis terrifiée...

FABIENNE. — Terrifiée! *(Elle la regarde.)* Un jour, plus tard... Si tu deviens une femme, vraiment une femme, un être forgé par lui-même, tu comprendras que les événements sont extérieurs, étrangers à nous, et ne sont pas terribles... Il n'y a pas d'événements pour le marbre ou le sable... Seules nos pensées sont terribles, nos pensées qui nous font agir et nos regrets...

MYRIEM. — Nos regrets! Tu as dit nos regrets!... Est-ce que tu regrettes?

FABIENNE. — Tu serais bien étonnée si je disais oui.

MYRIEM. — Je ne te croirais pas.

FABIENNE. — Tu aurais tort!

MYRIEM. — Tu regrettes la prison?

FABIENNE, *peu à peu laissant voir sa douleur cachée.* — Je n'ai jamais été captive... non... La prison commence à l'idée qu'on est prisonnière... Je regrette d'avoir eu dans mes mains le bonheur, l'amour, tout... tout... et d'avoir laissé tomber... tout, tout brisé... à cause de l'idée... Pour l'idée, absurde peut-être, l'idée aux mille replis, orgueil, colère, jalousie, imagination, pour la vanité des choses du dehors, j'ai assassiné ma joie.

MYRIEM. — Ce n'est pas toi. C'est lui!

FABIENNE. — C'est lui aussi.

MYRIEM. — Pourquoi n'était-il pas comme les hommes d'Europe?

FABIENNE. — Pourquoi ne suis-je pas comme les femmes arabes? Ses torts ne sont pas plus grands que les miens... Je lui appartenais...

MYRIEM. — Je ne te comprends pas...

FABIENNE, *lui caressant les cheveux.* — Tu es une petite fille sans amour! Que feras-tu de ta liberté? Je suis plus prisonnière aujourd'hui qu'autrefois... Va, n'aime jamais... n'aime jamais... Ou si tu aimes, obéis!

Elle passe.

MYRIEM. — A l'homme?

FABIENNE. — Non, à l'amour.

MYRIEM. — C'est la même chose!

FABIENNE. — Cela semble être la même chose!... Mais, vois-tu, j'ai raison : si tu aimes, obéis! Je l'ai compris trop tard. Partout, même ici, la femme est prisonnière, mais, ici, elle est prisonnière sur parole : c'est toute la différence et, tôt ou tard, sur sa route, elle rencontre l'homme armé et qui lui interdit d'aller plus loin. Tôt ou tard elle appartient à l'homme, sous la forme d'un d'entre eux! Si donc celui-là, pour elle, est l'Amour... elle est folle, trois fois folle, de lui désobéir. Demain elle obéira à un autre, à un autre qu'elle n'aimera pas! J'ai désobéi, moi, un soir... un soir que j'étais heureuse, très heureuse, à Paris. Par orgueil, je suis entrée en rébellion. Pour un indifférent, j'ai dit non à celui qui était toute ma vie... et mes malheurs et les siens, tous, tous, sont nés de cette minute, de cette petite minute, grosse de désastres ! J'ai été insoumise ! Et, depuis, j'ai pleuré, souffert, hurlé : lui, ton maître et le mien, on l'a tué — car il est mort, c'est sûr, il est mort... et je suis ici, libre en apparence, mais en vérité prisonnière... prisonnière de cet indifférent pour lequel j'ai désobéi et qui m'a aujourd'hui, qui m'a! Je lui appartiens!

MYRIEM. — Tu ne lui appartiens pas... Il a ton corps quand tu le veux bien, c'est tout...

FABIENNE, mélancolique. — Petite fille!

MYRIEM. — Et puis, lui t'aime!... Alors? Cela ne te suffit pas?

FABIENNE, même jeu et la regardant. — Petite fille... Allons, va jouer.

MYRIEM, étonnée. — Jouer?

FABIENNE. — Mais oui... Chacun joue à quelque chose... à la poupée... aux cartes... Joue à la liberté, va...

MYRIEM. — J'irai à Ciboure avec vous, tu veux bien?

FABIENNE. — Mais oui... mais oui... Et va chez les d'Aigregorch... va...

MYRIEM. — Merci, maîtresse, merci!

FABIENNE. — Et rappelle-toi, rappelle-toi : si tu aimes, obéis! (Myriem sort. Fabienne, seule.) Toute la nuit... toute la nuit... je l'ai vu... Pauvre petit! Pauvre petit! Quel mal je lui ai fait!... C'est vrai, tout de même, c'est vrai, que tout ce drame est né de ma désobéissance, un soir. Avant, j'étais si heureuse, ici même, avec lui. Et maintenant, c'est fini, c'est fini... plus jamais...

Elle est gagnée par les larmes et pleure doucement. Mais elle veut se reprendre ; elle se lève, elle sèche ses yeux, elle va à une glace qui est placée à droite et tend à réparer le désordre douloureux de son visage... Dehors, la nuit sereine est traversée par les danses de la maison voisine... et, en habit, mystérieux, impeccable, apparaît Fazil. Il dépose silencieusement son chapeau et son manteau et se rapproche de Fabienne. Comme un fantôme, elle l'aperçoit dans la glace. Elle étouffe un cri et se retourne, titubante.

Scène VI

FAZIL, FABIENNE

FAZIL, immobile, d'une voix calme. — Bonsoir.

FABIENNE, criant sans voix. — Toi... toi... Vivant... Dieu, que je suis contente!... Ah! Ah... mon chéri... mon chéri... mon petit... Vivant!

Elle se tient pour ne pas tomber, dans une joie éperdue.

FAZIL, souriant. — Vivant? Comment, vivant? Tu me croyais mort?...

FABIENNE, blême. — Non, non... je ne sais pas... je ne sais pas ce que je croyais... Je te sentais en moi, toujours, toujours... alors, naturellement, tu vivais!... Mais j'avais peur, j'avais si peur qu'ils t'aient fait mal... eux... trop mal...

FAZIL, toujours avec son sourire fixe et aigu. — Qui, eux?

FABIENNE, dans un geste imprécis de chasser le reste du monde. — Chut! chut! Aucun nom! Ne prononçons aucun nom... Personne entre nous, personne!... Ah! mon cœur éclate! Tout le mal dont je souffrais est parti miraculeusement! Tu es là, tu es là, tu m'es revenu...

Elle balbutie de joie grandissante et se laisse tomber sur le canapé.

FAZIL. — Le revenant! (Il s'approche.) Tu es belle. Tu es parée comme autrefois. Tu allais au bal?...

FABIENNE. — Je n'y allais pas, on m'y traînait...

FAZIL, sardonique. — Obéissante...

FABIENNE. — Ne raille pas, ne raille pas... Jette-toi dans mes bras et ne dis pas un mot... (Il lui obéit.) Ah! quel bonheur! quel bonheur! On peut mourir, maintenant...

FAZIL, dans ses bras. — N'est-ce pas?... D'où vient cette musique?

FABIENNE. — De chez les d'Aigregorch. Tu te rappelles?

FAZIL, il s'est levé, il va vers la terrasse. — Oui...

FABIENNE. — On dirait que rien ne s'est passé et que nous nous retrouvons comme à nos premiers soirs...

FAZIL, près de la porte. — Et pourtant... pourtant... il ne faut plus parler de nos premiers soirs.

FABIENNE. — Pourquoi?

Un petit temps.

FAZIL, se retournant, d'une voix égale et dure, et les yeux sur elle. — Avec qui vis-tu ici?

FABIENNE, soudain. — Avec qui vis-tu là-bas?

FAZIL, dans une angoisse infinie. — Ah! ah! voilà! voilà! le duel recommence, le duel à mort de notre amour! A peine replacés l'un devant l'autre... nous nous affrontons comme deux ennemis acharnés et qui luttent près d'un abîme...

FABIENNE. — Non, non, ne dis pas cela! Je n'ai que de la joie dans le cœur, de la tendresse et du pardon.

FAZIL, même jeu que plus haut. — Du pardon? Avec qui vis-tu ici?

Un temps.

FABIENNE. — Viens-tu me reprendre?

FAZIL. — Me suivrais-tu?

FABIENNE, avec une sincérité absolue. — Oui.

FAZIL. — Qu'est-ce que tu dis?

FABIENNE. — Oui, je te suivrais!... Tu n'es pas venu, n'est-ce pas, pour ne pas m'emporter?

FAZIL, la regardant de plus près. — Je suis venu pour t'emporter... Mais il faut faire vite, vite, d'une minute à l'autre, nous ne serons plus seuls...

Il a traversé le salon.

FABIENNE. — Ne t'inquiète pas. On ne va pas revenir tout de suite. Jean traite une affaire.

FAZIL, se retournant, dur. — Jean?

FABIENNE. — Fazil... Fazil... ne pense qu'à toi!... Dans ma joie, dans ma joie éperdue, est-ce que je t'ai demandé un éclaircissement sur ta vie?...

FAZIL, revenu souplement vers elle. — Tu n'avais rien à me demander. Mais je vais te dire... Je vais tout te dire... tout te raconter... depuis la minute, la minute sanglante où tes amis ont voulu m'assassiner.

FABIENNE, dans un cri. — Mon enfant, mon enfant chéri, tais-toi... Je mourais lentement ici, de cette minute-là!

FAZIL, assis près d'elle, âprement. — Laisse-moi parler... Je suis resté des jours et des jours... suspendu au destin, la tête ouverte, sans autres soins que les prières des serviteurs, rattaché à la vie par l'âpre volonté de te revoir, de te retrouver. Je ne voulais pas m'en aller et te laisser, te laisser dans les mains de ceux qui t'avaient prise... J'ai passé des centaines d'heures, immobile, à attendre celle où je pourrais me lever, me redresser et m'en aller à ta recherche...

FABIENNE, doucement. — Et ton second mariage, Fazil?...

FAZIL, se levant. — Avant d'aller à Marrakech, je voulais passer par Paris ou Biarritz...

FABIENNE. — Tu n'iras plus à Marrakech?...

FAZIL, avec une expression douloureuse. — Non... non... c'est vrai... je n'irai plus...

FABIENNE, l'attirant. — Tu n'iras plus. Nous resterons ensemble, raisonnables, guéris de nos chagrins et de nos luttes. Nous reprendrons la vie tous les deux, pacifiés, mon chéri, pacifiés, faisant chacun ce qu'il faut, l'humble nécessaire sans quoi les grands bonheurs sont impossibles... Je vais tout quitter pour toi...

FAZIL, dans ses bras. — Oui, tout...

FABIENNE. — Mais oui, mais oui... tout!... Tout ça n'est rien... Et toi, tu seras sage... tu ne seras plus ce maître terrible, cet orgueilleux, ce jaloux... Tu seras tranquillement celui que j'aime... Va, nous serons heureux... Ne vois-tu pas l'avenir?

FAZIL. — Je le vois...

FABIENNE. — Calme?

FAZIL. — Calme...

FABIENNE. — Sans rivalités?

FAZIL. — Sans heurts, uni comme le sable, éternel comme lui...

FABIENNE, se levant. — Incorrigible! Chercheur d'absolu! Mon amour... (Elle va vers la terrasse.)

FAZIL. — Qu'est-ce que tu regardes?

FABIENNE. — Pour revenir de chez les Aigregorch, il faut traverser le jardin. Je guette.

FAZIL, debout, âprement. — Tu guettes? Comment, tu guettes? Qui?

FABIENNE, saisie. — Mais...

FAZIL, même jeu. — Qui as-tu à guetter?

FABIENNE. — Fazil... Allons... Fazil...

FAZIL, plus âprement encore. — Tu es ma femme et tu guettes? Qui guettes-tu?

Un temps.

FABIENNE. — Veux-tu que nous partions tout de suite?

FAZIL, avec une lueur terrible dans les yeux. — Oui, tout de suite, tout de suite...

Il a saisi brusquement sa main.

FABIENNE. — Ah! tu m'as fait mal...

FAZIL, soudain tendre et triste. — Je t'ai fait mal?

FABIENNE. — Mais oui, tu m'as blessée... Vois, ce point sur ma main, ce point rouge...

FAZIL, immobile. — C'est ma bague...

FABIENNE, lentement effrayée. — Oh! mais vraiment, tu n'as pas changé! Toujours ces mouvements terribles de fauve! Tu me fais peur... Qu'est-ce que tu m'as fait à la main? (Elle le regarde avec angoisse.)

FAZIL. — Je t'ai reprise...

FABIENNE. — Comment?

FAZIL, d'une voix basse, passionnée, ardente. — Je t'ai reprise... Te rappelles-tu, te rappelles-tu le soir où je t'ai dit : « Je t'aime... » pour la première fois... et dans mon cloître, dans mon cloître, comme tu l'as appelé, tu m'as crié : « Je suis ta femme », et tu as voulu être ma femme... et je t'ai répondu : « Tu ne ressortiras jamais... » Tu es sortie. Pour sortir, tu m'as fait frapper par d'autres hommes... tu es partie avec d'autres hommes; tu as vécu avec d'autres hommes! Je t'ai reprise!

Il reste sans un mouvement, debout.

FABIENNE, à voix basse. — Tu es fou... tu es fou... Qu'est-ce que tu as fait? (Dans un cri.) Qu'est-ce que tu viens de faire?

Elle regarde sa main.

FAZIL. — Je t'ai reprise...

FABIENNE, titubante. — Malheureux! Malheureux!... Mais je t'aime... je t'aime... je n'ai jamais aimé que toi!

FAZIL. — Avec qui vis-tu ici?

Un temps.

FABIENNE, sans crier, blême, l'âme dans les yeux. — Ah! Mais je ne veux pas... je ne veux pas... du secours... du secours... Mon bras me fait mal... J'ai froid... (Elle le regarde.) Est-ce que vraiment cela est irrémédiable?

FAZIL, à peine. — Oui.

FABIENNE, même jeu. — Rapide?

FAZIL, avec désespoir. — Oui...

FABIENNE, tombant assise, et gagnée par le poison. — Fou!... fou!... Et nous nous adorions... Et maintenant c'est fini, fini... Plus jamais nous ne nous verrons... La mort, l'immense mort est entre nous, l'oubli... Encore quelques instants... et c'est fini... Je ne te connaîtrai plus... Viens plus près de moi... Viens... je ne pourrais plus faire un pas. Viens, ne me laisse pas mourir seule... Prends-moi dans tes bras. Aide-moi. Tu ne regrettes rien?

FAZIL, debout, désespéré et sûr de lui. — Non, non. Depuis des jours, je savais que je ferais cela... depuis des jours...

FABIENNE, ne pouvant plus se lever. — Regarde-moi... Que vas-tu faire sans moi sur la terre... Tu m'as tuée, et peut-être que tu m'oublieras... Où iras-tu? dans ton palais... Je veux savoir! Je veux savoir! Que feras-tu?... Ah! ah!... La voici! Tes yeux, donne-moi tes yeux! Ah! la dernière fois! Tu m'as tuée! Mon amour...

Elle meurt.

FAZIL, penché vers elle, doucement, avec une tendresse immense. — M'entends-tu encore? M'entends-tu?... Ah! ah! te voilà! te voilà! toi... toi... toute ma vie... M'entends-tu?... M'entends-tu?... Quand on parlera de lui, personne, personne jamais ne pourra dire ce que Fazil est devenu... Il a repris sa femme et il a disparu... (*Il est penché vers elle, comme si elle devait l'entendre et, en effet, elle l'entend encore peut-être. Mais Fazil se redresse. Il devine, il entend que quelqu'un va entrer. Il change d'attitude, quitte la morte, va vers la porte. Entre un valet. Fazil, avec une autorité simple et une maîtrise où passe la grandeur.*) Ne faites aucun bruit. Votre maîtresse repose. (Le domestique s'immobilise.) Éteignez la lumière. (Le domestique obéit.) Aidez-moi à mettre mon manteau. (Le domestique obéit encore.) Allez... (Le domestique va sortir. Fazil le retient d'un dernier mot.) Vous direz à votre maître que M. Fazil est revenu, monsieur Fazil...

Le domestique s'incline et sort à droite, cependant que, vers la terrasse où commence la nuit mystérieuse et douce, Fazil s'éloigne lentement. Fabienne, morte maintenant, a l'air, en effet, de s'être endormie.

RIDEAU

L'INSOUMISE (*Suite de la 2e page de la couverture*).

Jean de Béhoyé. Hélène. Fabienne..

Scène finale de l'ACTE PREMIER, page 11.

Fabienne. Le Cadi Hadj Ismaël.

ACTE III, scène IX, page 24.

maîtrise et il pose, face à face, une fois pour toutes, les deux protagonistes, — les deux antagonistes ! — en nous faisant bien sentir, que s'il y a déjà entre eux, s'il y aura certainement encore de la volupté, il y aura aussi du sang et de la mort... »

Le second acte est pittoresque et ardent, dit encore le critique du *Temps*, mais ensuite, à son avis, la pièce change de caractère, et il conclut avec perspicacité :

« Après tout, peut-être le grand public ne fera-t-il pas la différence et se laissera-t-il émouvoir où quelques-uns ne se sont que divertis. »

Dans *l'Information*, M. Antoine estime que cette pièce est surtout un conte romanesque, mais un conte émouvant et qui a obtenu le plus légitime succès.

M. Charles Méré, dans *Excelsior*, souligne aussi le vif succès remporté par cette pièce devant le public :

« M. Pierre Frondaie a le goût du pittoresque, des aventures et des belles images. C'est un poète. Au théâtre, il cherche visiblement à se renouveler. Il a choisi cette fois un sujet magnifique et périlleux. Il a réussi, au cours des deux premiers actes, à en exprimer fort habilement la beauté. Il lui était bien difficile, par la suite, d'éviter certains périls. »

Et, néanmoins, ajoute le critique d'*Excelsior*, la pièce est tout entière attachante, mouvementée, dramatique.

M. Lucien Descaves observe, dans *l'Intransigeant* :

« Il n'y a pas que des romans, il y a aussi des pièces d'aventures. En voici une, à laquelle le public a fait le plus chaleureux accueil. »

Dans *le Matin*, Colette félicite l'auteur de *l'Insoumise* d'avoir la foi :

« Un apôtre, en lui, étaye l'auteur dramatique. Qu'il mette en scène une grande actrice italienne ou bien, comme hier, le prince arabe élevé à la franque et qui habille en Angleterre son corps sauvage, M. Frondaie croit à son personnage, croit à l'art dramatique, à l'amour en gondole, au poison dans la bague, aux musiques sur l'eau. De là à nous communiquer sa foi, il n'y a qu'un pas — la largeur d'un petit abîme... Ne raillons pas, l'auteur est tout près de le franchir. Un élan, une « prise de champ » moins visible, une dévotion moins attachée à l'étranger mystérieux, à l'étrange et fatale beauté, et... hop ! nous le suivons. »

M. Régis Gignoux constate de son côté, dans *Comœdia*, que M. Pierre Frondaie cherche et trouve des grands sujets dramatiques :

« Assurément, il pourrait les apprivoiser avec astuce et patience : il préfère les prendre de force. Il les attaque comme des proies... »

M. Henry Bidou, qui eut avec M. Pierre Frondaie, à propos du *Reflet*, les démêlés que nous avons signalés, reconnaît à l'auteur de *l'Insoumise* une habileté qui va jusqu'au pathétique.

Il est en province de grands journaux qui égalent, s'ils ne surpassent, certains quotidiens de Paris aussi bien par leur tirage et leur influence que par la qualité des critiques dont ils s'assurent la collaboration ; ainsi *la Petite Gironde*, où M. Robert de Beauplan écrit :

« Voilà un poignant drame humain.

» L'Insoumise, ce n'est pas une femme quelconque, c'est la femme d'Occident. Son mari, ce n'est pas un homme tyrannique et jaloux, c'est l'Oriental. Le conflit n'est plus psychologique, mais ethnique. Ce que M. Pierre Frondaie met en lumière, c'est l'antinomie qui existe entre la conception européenne de l'amour et du mariage, et l'idée que s'en font les hommes d'Orient. Le musulman ne peut admettre la liberté d'allures de la Parisienne. La Parisienne ne peut concevoir la polygamie.

» Cet élargissement du sujet procure à la pièce l'occasion d'un cadre très pittoresque... Je me hâte d'ajouter que M. Pierre Frondaie a très habilement construit sa pièce. Les scènes en sont sobres et puissantes, le dialogue nerveux. »

***

Après avoir parcouru les comptes rendus des quotidiens, un des meilleurs rédacteurs de *Comœdia*, M. Gaston Lebel, alla demander à M. Pierre Frondaie s'il était satisfait des appréciations de la presse :

« Parfaitement, je suis particulièrement reconnaissant à M. André Antoine dont l'opinion importe avant tout. Après un article chaleureux, mon confrère et ami Alfred Savoir s'est étonné que le héros de ma pièce tue sa femme, et il a écrit : « On n'est » pas Arabe à ce point-là. » Mon ami Savoir se trompe. J'ai interrogé un des plus grands seigneurs arabes aujourd'hui vivants ; je lui ai demandé si mon héros, placé dans la situation où je l'ai mis, pouvait s'ériger en justicier. Il m'a répondu exactement ceci : « Non seulement il le peut, » mais il le doit, il lui serait impos» sible de ne pas le faire sans mériter » le mépris de ceux de sa race. »

» M. G. de Pawlowski m'a appris que l'histoire que j'avais cru inventer s'est passée réellement, il y a une trentaine d'années, et il m'a rappelé des noms qui sont d'ailleurs connus.

» Edmond Sée, dont j'apprécie beaucoup le grand talent, après avoir bien voulu louer en moi l'écrivain et le psychologue, et cela dans les termes les plus flatteurs, a pensé cependant que le signal, l'évasion et le poison sont des épisodes de cinéma qui font contraste avec l'étude intérieure des caractères. M. Paul Souday m'a fait le même reproche en termes courtois et mesurés. Je répondrai à ces deux excellents écrivains qu'on passe sa vie à faire des signaux, que nous sortons d'une époque où il y eut beaucoup d'évasions, que le poison remplit les rubriques des journaux. Je leur demanderai aussi quels termes ils auraient employés, il y a cinquante ans, quand le cinéma n'existait pas. Il est peut-être cinématographique de mourir comme Roméo et Juliette ou de tuer comme Othello.

» Edmond Sée me disait l'autre jour : « Vous êtes curieux, car vous êtes double, vous obtenez tous nos suffrages dans des scènes de psychologie nuancée et brusquement vous nous transportez dans une action inutilement violente. » A quoi je lui ai répliqué : C'est tout de même étonnant. Je vous ai entendu dire, en parlant de X ou de Y : « C'est de l'excellente étude d'âme, mais ce n'est pas du théâtre. » Je vous ai entendu dire aussi, en parlant de Z ou de W : « C'est de l'action, mais il n'y a aucune psychologie. » Il me semble donc que vous devriez être satisfait quand on vous apporte les deux dans la même œuvre, et d'autant plus qu'il y a les actions qui ne sont que la sécrétion naturelle et obligatoire des états d'âme. Une prisonnière attendant du secours d'amis placés à l'extérieur de sa prison est bien obligée de faire un signal. Un homme résolu à tuer sa femme, parce que son état d'âme le lui commande, est bien obligé de choisir un moyen pour l'exécuter. Ce ne sont donc pas des événements arbitraires, mais bien des événements obligatoires. »

Une particularité ne pouvait encore échapper à M. Pierre Frondaie, c'est que — à peu près comme pour *le Reflet* — la presse a été favorable sans restriction aux deux premiers actes de *l'Insoumise* ; les réserves ont porté uniquement sur les deux derniers actes ; et, robuste et puissant, M. Pierre Frondaie y voit la preuve que ses contemporains ont perdu de leur capacité de « réception » :

« Ce sont de petits mangeurs. Ils n'ont pas les larges appétits d'autrefois. Après les deux premiers services — en l'occurrence les deux premiers actes — ils *n'assimilent* plus très bien le troisième ; ils sont rassasiés. Peu à peu, depuis des années, on a pris l'habitude de leur offrir des espèces de pièces de régime, des espèces de spectacles pour végétariens, où il n'y a plus de muscles, pas de beurre. Rien ne m'aurait été plus facile, après le deuxième acte, que d'arriver directement au quatrième acte, en le commençant par un récit de l'évasion de l'héroïne. Je me félicite de ne pas l'avoir fait et le public me donne entièrement raison. »

Il est de toute évidence, en effet, qu'aux spectacles si allégés qu'ils en deviennent inconsistants, presque inexistants, — comme perdus entre leurs longs entr'actes, — le public préfère les spectacles abondants, substantiels, coupés seulement de courts intervalles.

* * *

La mise en scène fut dirigée par l'auteur lui-même qui s'était assuré trois excellents décors et des jeux de lumière particulièrement bien réglés.

En tête de l'interprétation, figurait Mme Vera Sergine. Ce qu'elle fut, dans ce rôle capital de l'Insoumise, ceux qui l'ont vue ne sauraient l'oublier, ceux qui ne l'ont pas vue l'imagineront peut-être après avoir lu ce que M. Pierre Frondaie écrivit dans *le Journal* sur sa magnifique interprète, au lendemain de la répétition générale :

« ... Je la voyais récemment. Autour d'elle, les constructeurs du décor bâtissaient le somptueux château d'Afrique dans lequel les spectateurs du Théâtre Antoine devaient la voir vivre et aimer. Un peu plus tard, on la transportait dans sa villa de Biarritz. Toujours, par une prodigieuse plasticité, elle était ce qu'il fallait être et la plus femme de toutes les femmes. Je vous le dis : cette jeune grande artiste, bouleversante et bouleversée, est à la veille d'être l'égale des plus illustres impératrices de théâtre dont nos aînés nous ont légué le souvenir ébloui. »

Qu'ajouter à ces lignes, sinon la constatation que les spectateurs du Théâtre Antoine les ont entièrement ratifiées ?

A ses côtés, le rôle du chef marocain Fazil était tenu par un très jeune acteur, M. Charles-Boyer, que l'on avait déjà remarqué dans la composition qu'il avait faite de l'un des officiers japonais de *la Bataille*. La façon dont il a campé son personnage de Fazil ajoute à l'estime que l'on avait déjà de son sûr talent.

GASTON SORBETS.

Zourouya. Fazil.

Le patio du palais de Fazil el Ouargli, à Fez. — ACTE II, scène v, page 15. — *Photographies Gilbert René.*

Le Directeur : RENÉ BASCHET. — Imp. de *L'Illustration*, 13, rue Saint-Georges, Paris (9e). — L'Imprimeur-Gérant : A. CHATENET.

www.ingramcontent.com/pod-product-compliance
Lightning Source LLC
LaVergne TN
LVHW021642170726
843501LV00007B/2364
9782329661322